北京师范大学中国社会管理研究院
中国社会治理智库丛书·百村社会治理调查系列
SOCIAL GOVERNANCE THINK TANK

高演村文化志

萧 放　王宇琛　等著

中国社会科学出版社

图书在版编目（CIP）数据

高演村文化志／萧放等著.—北京：中国社会科学出版社，2022.8
（中国社会治理智库丛书．百村社会治理调查系列）
ISBN 978-7-5227-0589-7

Ⅰ.①高… Ⅱ.①萧… Ⅲ.①乡村—文化史—景宁畲族自治县 Ⅳ.①K295.55

中国版本图书馆 CIP 数据核字（2022）第 133542 号

出 版 人	赵剑英
责任编辑	吴丽平
责任校对	李　莉
责任印制	李寡寡

出　　　版	中国社会科学出版社
社　　　址	北京鼓楼西大街甲 158 号
邮　　　编	100720
网　　　址	http://www.csspw.cn
发　行　部	010-84083685
门　市　部	010-84029450
经　　　销	新华书店及其他书店

印　　　刷	北京明恒达印务有限公司
装　　　订	廊坊市广阳区广增装订厂
版　　　次	2022 年 8 月第 1 版
印　　　次	2022 年 8 月第 1 次印刷

开　　　本	710×1000　1/16
印　　　张	13.75
插　　　页	2
字　　　数	185 千字
定　　　价	78.00 元

凡购买中国社会科学出版社图书，如有质量问题请与本社营销中心联系调换
电话：010-84083683
版权所有　侵权必究

中国社会治理智库丛书
百村社会治理调查系列编委会

主　任　魏礼群
副主任　赵秋雁　萧　放
成　员　（以姓氏拼音为序）
　　　　　贺少雅　黄家亮　鞠　熙　李建军　宋贵伦
　　　　　王海侠　尉建文　魏礼群　萧　放　杨共乐
　　　　　杨积堂　赵秋雁　朱　霞

主　编　萧　放
副主编　贺少雅　鞠　熙

开展百村社会治理调查
助力乡村振兴战略实施

魏礼群

乡村振兴战略，是新时代解决"三农"问题的总抓手和行动纲领。开展"百村社会治理调查"要全面认识乡村振兴战略的时代意义，并以此为遵循，认真总结、深入调查、深入研究，提出有效对策。

开展"百村社会治理调查"的主要目的，是服务于党的乡村振兴战略落地，服务于农村基层社会的治理与建设，服务于学校交叉学科的创建。"百村社会治理调查"将产生五大成果：一是为党政决策提供咨询服务；二是推进理论创新和学术创新；三是在交叉学科建设上做出成绩；四是在社会实践中培养和锻炼人才；五是搭建广泛和密切联系的合作平台。

做好"百村社会治理调查"需要把握七个方面：一是调查点选择要兼顾典型性和普通性；二是调查内容要做到"四个结合"；三是调查设计要精心细致；四是调查工作要力求全面系统和可持续；五是调查团队要组织落实；六是调查成果要多样化和高质量；七是调查活动要做好统一保障工作。

我们决定开展百村社会治理调查活动，并作为一个重大研究项目，目的在于深入、全面了解和研究当代中国乡村社会治理的现状、趋势，服务国家的战略需求和学校的学科建设，促进社会治理智库建设与交叉学科创新建设密切结合，协同发展。

党的十九大开启了新时代中国特色社会主义发展的新征程。习近平总书记在大会报告中提出："实施乡村振兴战略。"这是着眼于决胜全面建成小康社会、全面建设社会主义现代化国家的重大战略选择。实施好这一战略，必须按照"产业兴旺、生态宜居、乡风文明、治理有效、生活富裕"的总要求，统筹推进"五位一体"建设，加快农业农村现代化。其中，加强乡村社会建设和社会治理是一项重大而艰巨的任务，对于全面推进国家建设和治理的现代化至关重要。北京师范大学中国社会管理研究院/社会学院（以下简称"中社院"）作为服务于国家战略要求的社会治理智库，应当义不容辞地担负起这个历史使命并有所作为。

在实施国家"十三五"规划开局的2016年，为了深入、全面了解和研究当代中国乡村社会治理的现状、趋势，服务决胜全面建成小康社会和推进社会治理现代化的决策部署，我们中社院提出深入研究乡村社会治理问题，决定开展"百村社会治理调查"活动。在充分听取各方面意见与论证的基础上，2017年，"百村社会治理调查"项目正式启动。该项目作为北京师范大学培育国家高端智库的重要抓手，被列入学校交叉学科创新工程总任务，旨在做出有深厚度、有时代感、有应用性的科研成果，既服务于党和国家战略决策、推进乡村社会治理，又助力于北师大创办新兴学科，加强交叉学科平台建设。

现在看来，我们决定开展百村社会治理的调查活动，与党的十九大精神高度契合，是十分正确的。这个项目上接党中央的乡村振兴战略，下接农村基层社会治理的现实，实施一年多来，取得了初步成果，也发现了一些问题。我们要认真梳理与总结项目进展的情况，有利于下一步工作的推进。

一 开展"百村社会治理调查"的时代背景

马克思主义认为,城市与乡村发展差距拉大,是特定历史阶段的必然趋势,而生产力发展到一定程度后,推动城乡融合发展和一体化又是社会发展进步的内在要求,实现城乡共同繁荣发展是终极的目标。中国共产党秉持马克思主义基本立场,历来高度重视农业、农村、农民问题,将其置于革命、建设和改革的首要问题。特别是党的十八大以来,以习近平同志为核心的党中央将解决"三农"问题作为全部工作的重中之重,办了很多顺民意、惠民生的好事,解决了很多农民群众牵肠挂肚的难事,城乡发展一体化迈出新步伐,农村社会焕发新气象。党的十九大提出乡村振兴战略,回答了新时代乡村为什么要振兴、振兴什么、如何振兴、依靠谁振兴等一系列理论与实践问题,为新时代中国特色城乡融合发展和一体化发展指明了方向,是从根本上解决我国"三农"问题的新部署,是决胜全面建成小康社会进而全面建设社会主义现代化国家的新要求。

乡村振兴战略,是新时代解决"三农"问题的总抓手和行动纲领。乡村振兴的目标,是实现"产业兴旺、生态宜居、乡风文明、治理有效、生活富裕"。"产业兴旺"是首位,发展是第一要务,是乡村全面振兴的前提,要加快建立与完善现代化农业产业体系。"生态宜居"是核心,不仅要求环境美,更要求生态美与满足人民美好生活需要高度统一。"乡风文明"是境界,坚持物质文明与精神文明一起抓,这是乡村永续发展的支撑和智力支持。"治理有效"是关键,不仅要求加强和创新乡村社会治理方式,更要求治理效率的提升,要紧紧抓住乡村社会治理机制建设,把自治、法治、德治结合起来。"生活富裕"是根本。说到底,乡村振兴是为了让亿万农民生活得更美好,使农民在共建共治共享发展中有更多获得感。由此,产业兴旺、生态宜居、乡风文明、治理有效、生活富裕共同构成了乡村振兴的丰富内涵，它是一个系统工程，需要整体推动，才能相互促进、相得益彰。

在过去一个时期，中国现代化进程中工业化快过于城市化，在一些地区城市繁荣与乡村衰落并存，乡村发展滞后成为中国现代化建设的突出"短板"。中国现代化不能走一些国家曾经走过的以乡村衰落换取工业化城市化突飞猛进的道路，而要开创一条城乡融合发展、共生共荣、各美其美的新路。这是解决当代中国社会主要矛盾的关键，也是新时代社会主义现代化建设的根本要求。因此，习近平总书记反复强调，任何时候都不能忽视农业、不能忘记农民、不能淡漠农村；中国要强，农业必须强；中国要美，农村必须美；中国要富，农民必须富。

搞好"百村社会治理调查"要全面认识乡村振兴战略的时代意义，并以此为遵循，认真总结我国改革开放40年正反两方面历史经验，深入研究在当代中国社会大变革中，各领域、各方面变革发展给乡村基层社会带来怎样广泛而深刻的影响，深入调查农村基层社会治理领域发生了哪些变化，农民的要求是什么，农村发展趋势又会怎样，如何正确引导乡村振兴，这些都需要深入调查研究并提出有效对策。

二 "百村社会治理调查"的主要任务和做法

随着改革开放和社会主义现代化建设的持续推进，当代中国乡村已经和正在发生历史性变化。村落的布局与环境，村落的形态与结构，村落的人口与教育，村落的组织与秩序，村落的文化活动与生活方式，都面临着新的挑战与抉择。本项目通过对一些乡村进行全面、系统、深入的调查，着重调研不同地区特定自然条件、生活环境、产业发展的乡村，调查历史传承发展与当代社会治理结合的情况，要全面掌握调查对象的历史变迁、改革开放以来的变化和现状、成绩与问题。总结新经验，发现新问题，探讨乡村推进社会治理现代化的路径，研究解决乡村社会治理问题的对策，着力研究基层现代社会治理变革的特点和规律。总结中华优秀传统文化与现代乡村社会对接、融合的途径，探索民族文化在基层传承的有效方式，探索传统文化资源、传统社会治理对实现乡村振兴的实践意义，构建有利于现代乡村文明的治理模式。

经过一年多的工作，项目组探索了一套行之有效的工作思路，也积累了一些有益的工作经验。

（一）合理组建调查团队，充分发挥中青年作用

研究团队的组建是项目成功的重要保证。要优化调查力量，建立项目责任制。前期阶段，一方面邀请了社会学、历史学、公共管理学、法学、经济学等不同学科具有深厚研究功底的专家学者参加项目组；另一方面注重发挥中青年教学、研究人员的重要作用。在首批研究团队中，青年力量占70%以上，吸收了北京师范大学、中国社会科学院、中国人民大学等11所高校和科研单位的研究人员参加。具有一定研究能力的博士后、博士研究生等作为研究队伍的重要力量，通过参加项目工作，既丰富了对乡村变革发展实际情况的认识，又提高了进行具体调查研究的本领，增强了全面发展进步的素质与能力。

（二）精心选择调查地点，注重调研实际效果

项目调查工作本着积极进取、逐步推进的方针，2017年在全国选择了26个村落，涵盖北京、黑龙江、内蒙古、河北、山西、陕西、宁夏、湖北、四川、贵州、江西、浙江、广东13个省（市、自治区），涉及非物质文化遗产传承与利用、优秀民俗传统与乡风文明建设、灾后重建、红色文化资源的挖掘和建设、生态环境保护与治理等多个有特色的村落。调研人员深入基层、深入群众，面对面了解实际情况，实地考察村落变化的面貌，倾听各方面人员的意见和诉求。一年多来，参与调研的校内外专家百余人，共进行田野调查50余次，

形成一批重要成果，包括调查报告26份，发表研究论文17篇，还有20余篇调研成果有待印发。在一些特色乡村设立了"北京师范大学百村社会治理智库基地"，为深入、持续开展乡村治理调查建立了稳定的调研基地。

（三）重视数据收集管理，确保调查可持续性

当今社会变革广泛深刻，信息化发展日新月异，互联网、大数据普遍运用，全面、系统、即时掌握相关数据至关重要。我们中社院社会治理创新信息库建设，紧密配合，致力于打造原创的乡村大型统计数据库。项目组数据库开发团队将百村社会治理数据库规划为两个子系统，分别对项目产生的结构化数据（调查问卷数据）和非结构化数据（文档、图片、音视频）进行统一存储、管理和应用，既可满足本院本校的科学研究和教学使用，还可以服务社会各界和服务国家乡村治理的需求。所收集的数据库将成为国家社科基金特别委托重大项目"中国社会管理创新研究信息库建设"的重要组成部分。

三 "百村社会治理调查"的预期目标和成果

开展"百村社会治理调查"的主要目的，是服务于党的乡村振兴战略落地，服务于农村基层社会的治理与建设，服务于学校交叉学科的创建。改革开放以来，随着工业化、城镇化、市场化进程加快，中国农村成为现代化进程中问题最集中、最复杂的地域。基层社会发展过程中出现的问题只有通过深入调查才能真切认知。例如，如何从各地实际情况出发提升乡村治理水平，如何把社会建设与社会治理有机结合起来，"空心村"如何治理，资本进入村庄后如何治理，村庄合并后如何治理，有传统文化特色和优势的村落如何继承创新发展，党的组织如何做到全覆盖和有力发挥作用，如何才能使自治、法治、德治结合好，等等。这些问题已有不少地方进行了积极探索并取得了经验，新生事物大量涌现，但也有一些问题需要深入研究解决。

开展"百村社会治理调查"将产生以下重要成果。

一是为党政决策提供咨询服务。要通过深入的社会调查,形成一批有价值、高质量的资政建言成果,向党和政府提供决策咨询建议。我们中国社会管理研究院/社会学院已经成为国家高端智库培育单位的重要组成,国家高端智库的核心要务就是为党和国家提供决策咨询服务。

二是推进理论创新和学术创新。推进社会治理的理论创新、学术创新,是建设高校智库的重要任务。社会治理既涉及社会学科,又涉及公共管理、民俗学、人类学、法学、历史学等多学科。运用多学科视角观察和研究问题,将会有效地推动社会治理理论创新和学术创新。

三是在交叉学科建设上做出成绩。新时代的社会治理需要发展交叉学科,包括推动社会学科、公共管理学科,以及民俗学、民族学、人类学等多学科融合发展。交叉学科建设致力于在传统学科的基础上产生新学科。期望通过百村社会治理调查在交叉学科建设创新上能够作出积极探索。

四是在社会实践中培养和锻炼人才。通过开展乡村社会治理调查,引导教师和学生走向社会、深入社会、了解社会,培养认知社会、洞察社会的能力和理论联系实际的能力。同时,要通过实施这一项目,吸引汇聚校内外教研人员特别是地方农村基层社会治理人才,在共同调查中提升社会治理的现代化水平。

五是搭建广泛和密切联系的合作平台。在开展百村社会治理项目活动中,将推动学校社会治理智库密切联系部门、地方、企业,聚力聚智,优势互补,平等合作,建立稳固联系,共同促进发展,携手助力农村社会治理现代化建设。

四 做好"百村社会治理调查"的希望和要求

搞好"百村社会治理调查",必须以习近平新时代中国特色社会主义思想为指导,全面贯彻党的十九大精神和近年来党中央关于实施乡村振兴战略的部署,运用辩证唯物主义和历史唯物主义的立场、观点和方法,注重理论联系实际,坚持问题意识和应用导向,深入乡村作全面、系统、翔实的调查,并作出科学分析和研究,务求产生一批多样性有价值高质量的调查研究成果。为此,需要把握以下几个方面。

第一,调查点选择要兼顾典型性和普通性。中国农村发展极不平衡,历史文化传统也存在很大差异。因此,村落选点要紧紧围绕本项目实施的目的,通盘考虑、审慎确定。着力研究当前中国乡村变革中的热点问题和普遍性问题,以发现、反映和解决乡村现代化进程中社会领域出现的新问题为目的,特别要考虑村落的地区布局和类型,尽可能兼顾到不同地区、各类村庄特色。本着"积极作为,量力而行,注重实效"的原则,选择好调查的村落。

第二,调查内容要做到"四个结合"。即定性调查和定量调查相结合、静态调查和动态调查相结合、人的调查和物的调查相结合、有形调查和无形调查相结合。在实际调查中,有的村落在改革开放前后有很大变化,这种变化不是单纯的数据分析可以体现的,要通过深入调查全面了解村落历史和变迁的过程。静态的调查内容包括历史遗留和传承下来的各类事物;动态的调查内容包含村庄人口流动、村庄经济社会发展的不断变化等。人口结构变动是社会变动的重要体现,要重点调查分析。通过深入调查要能够发现规律性的东西;整个国家发生变化,各类村庄也会随之发生变化,时代变迁对村庄经济、政治、社会、文化、生态发展所产生的影响是深刻的。有形调查可以是能够看到的村史、具体制度;无形调查针对的是意识形态的东西,比如价值理念、宗族、民俗文化等,这些方面都要考虑到。不能仅仅搞信息数据调查,更要着眼于认识规律、把握趋势。

第三,调查设计要精心细致。只有做好整体设计,调查的方向、对象、重点内容、方法等才能清晰。百村社会治理调查不是一般的调查，要为国家、民族和社会治理现代化提供实证性研究成果。因此，必须全面设计相关调查内容。比如，社会建设中的平安社会、小康社会、法治社会、健康社会、智慧社会、和谐社会、环境社会等，都要考虑到。传统文化中的家族文化、村史和乡贤人物的作用，都要考虑到。人口变化方面，可以选择具有典型意义的"空心村"，调查其成因和对策。村史馆、文化站、信息图书馆等公共服务设施建设也都是社会治理的重要方面。通过调研，对每个调查的村庄都应撰写出改革开放以来的变化历程、主要成就、存在问题、做法经验、对策建议等。项目组还可以帮助有条件的村落设计并推进村史馆、文化站等建设。

第四，调查工作要力求全面系统和可持续。调查方式可以灵活多样，做到传统调查方式与现代调查方式相结合。一方面，传统的调查方式不可少，包括田野调查、走访、个别座谈、问卷调查、文献收集、不同时段的对比调查等。另一方面，也要充分利用信息化技术，包括录像、录音、统计、微信、微博互动，以及互联网、大数据等现代化技术手段。要重视走访不同阶层人员和不同年龄层次的人员，对村落情况进行全面系统的把握。调查问卷也要反映全面的动态情况，特别是反映改革开放以来的变化。要注重搞好具有社会治理典型经验的村落调研，注意发现新事物和新经验，通过举办研讨会等多种形式，总结和推介新经验。要建立动态调查机制，入选百村调查项目的村落，要实行跟踪调查，持续提供新情况，不断产出新成果。

第五，调查团队要组织落实。这个调查项目主体是北京师范大学社会治理智库团队，也要组织多方面人员与力量协同参加。要吸引校内外专家学者和青年研究人员参与。同时，可以与企业合作，包括利用他们已经在一些村里建立好的调查系统，请企业协助调查；企业可以在技术手段方面为社会治理调查提供有益的帮助；也可以接受企业提供的资金支持，包括招募本地人员协助调研，也可以考虑建立长期联系的调查基地。各方面调查人员要合理分工、密切合作，共建共享调研成果。

第六，调查成果要多样化和高质量。一是要紧扣党的十九大提出的"乡村振兴战略"，抓紧形成一批决策咨询成果。决策要反映普遍规律和趋势，不能只反映个别现象。二是撰写村落调查综合报告和系列专项报告，包括综合性成果，以及针对具体村落的若干系列研究成果。要系统总结调研村落的基本情况与分析报告，对每个调查村都应写出综合调研报告。三是举办研讨会、论坛和出版专著等。中国社会治理论坛每年举办一届，已经举办七届了，参加者既有党政干部，也有学界研究者，还有来自基层社区的工作者和一些企业家，大家围绕社会治理这个主题，从自己的研究领域出发来讨论和交流，收到良好的效果。2018年7月将举办第八届中国社会治理论坛，百村调查项目可以设一个专题分论坛，组织大家讨论乡村社会治理问题，提出建议。要提倡搞专题性、接地气的问题研究。四是在公开刊物和报纸上发表调研报告等文章。《社会治理》杂志将开辟专栏，百村调查项目组有什么成果，可以随时发表。族谱、家训，地方乡贤发挥的作用等，都是用传统文化助力当代社会治理的好做法。可以研究建立什么样的激励机制，引导各类人才返乡，服务乡村振兴，反哺农村现代化建设，这是一个值得研究的重要课题。中国所追求的现代化，必须是农村和城市共同发展繁荣的现代化，绝不是城市锦上添花、乡村凋敝衰败的城乡分化景象。五是充实加强社会治理创新信息库建设，提供丰富扎实的基础数据。可以把调研成果纳入已创建的中国社会治理创新信息库，作为以后调查、研究、教学的参考资料。

第七，调查活动要做好统一保障工作。搞好调查研究工作，是智库研究的基础，也是智库建设的基石；同时，加强调查研究工作也是学科建设的重要平台，是建设一流大学的重要平台，是发现人才和培养人才的重要平台。我们中社院领导成员、各职能部门都要积极支持调查项目工作。要加强组织协调，智库研究和教学人员要尽可能多地组织起来，还可以适当组织一些学生主要是研究生参加，参加调研的学生在不影响学习的基础上，到一个村里去搞社会调查，这会对他们成长进步更有帮助。还要从多方面争取支持，提供各种条件，保障调查活动持续有效地开展。

基层不牢、地动山摇。农村基层社会治理关乎中国社会主义现代化建设全局与进程，基层治理如果出现问题，国家发展就会遭遇挫折。本项目要致力于为党为国家为人民作贡献的主旨，做好长期打算，持续不断搞下去。虽然项目调查初期还存在这样那样的问题，但办法总比困难多。只要大家不忘初心，坚定不移，认真搞好乡村社会治理调查，就一定能够在中国乡村振兴、农村社会治理现代化进程中大有作为，作出积极的贡献。

（原文刊发于《社会治理》2018 年第 5 期）

目　录

缘　起 …………………………………………………………（1）

第一章　环境、人口与历史 ………………………………（7）
　　一　环境、人口与建制 …………………………………（8）
　　二　自然资源 ……………………………………………（10）
　　三　生计方式 ……………………………………………（13）

第二章　村落社会结构与社会建设 ………………………（32）
　　一　传统宗族组织 ………………………………………（32）
　　二　现代村落社区组织及职能 …………………………（38）
　　三　村落文化名人（乡贤）与民间权威 ………………（41）
　　四　村落社会的建设与社会活动 ………………………（52）

第三章　文化空间与文化标志物 …………………………（59）
　　一　空间类型 ……………………………………………（59）
　　二　主要文化标志物 ……………………………………（61）

第四章　村民的时间生活 …………………………………（95）
　　一　传统岁时节日 ………………………………………（95）

二　当代文化节日 …………………………………………（103）

第五章　村民的仪式生活 ……………………………………（106）
　　一　社交仪式与规约 ……………………………………（106）
　　二　人生仪式 ……………………………………………（111）
　　三　祭祀仪式 ……………………………………………（120）

第六章　村民的精神生活 ……………………………………（126）
　　一　传统知识与信仰 ……………………………………（126）
　　二　传统艺术与娱乐 ……………………………………（131）
　　三　民间口头传说 ………………………………………（134）

第七章　崇学向善传统复兴与村落保护实践 ………………（150）
　　一　崇学向善传统与民俗活动的复兴 …………………（150）
　　二　文化遗产与古村落保护工作 ………………………（157）

附　录 ………………………………………………………（169）
　　一　古今诗词 ……………………………………………（169）
　　二　机智人物瞳因的故事 ………………………………（174）
　　三　高演春晚自创方言剧本 ……………………………（188）
　　四　挖掘传统文化助力乡村治理 ………………………（191）
　　五　高演村各类奖项与荣誉称号 ………………………（195）
　　六　高演村歌 ……………………………………………（196）

后　记 ………………………………………………………（198）

缘　　起

高演村位于浙江省丽水市景宁畲族自治县梧桐乡东南13.7公里处，距离县城约35公里。高演行政村下辖高演、坑底洋、下庄、吴太山4个自然村，共341户，808人。本书所说的高演村，主要指高演自然村，约有500人，共140余户，其中任姓110户，是高演村最大的家族，高演村因此可以算得上是典型的单姓村。

高演村历来有崇学向善的传统，且比较完整地保存了清中后期的村落格局，乾隆年间建成的环胜桥于1989年被列入县级重点文物保护单位、2013年被列入国家重点文物保护单位，其余如廻龙桥、清风桥、行宫、店廊等清代建筑，都尚属完整。近年来，地方乡贤及政府利用高演村历史悠久、文化底蕴深厚、崇学敬老等特点，传承家乡文化，重塑古村活力，发展旅游产业，已经产生了良好的效果。1995年，村中建成了通往县城的公路；2014年11月高演村入选住建部第三批"中国传统村落名录"；2016年4月被确定为"浙江省级历史文化村落重点保护村"。从此，传统村落文化保护与合理利用，成为高演村村落建设的核心议题。

为深入挖掘村落传统文化、传承保护与合理利用传统村落资源，经高演村村委邀请，在丽水市宣传部常务副部长任韩高、原景宁县人大副主任任启年及高演村村委、村民的大力支持和帮助下，2016年4月，北京师范大学社会学院萧放教授带领博士生贺少雅、孙英芳对高

图 0-1　高演村行政位置图（图中圆圈为本文作者所加）①

图 0-2　高演村全景

---

① 图片选自《景宁畲族自治县地势图》，景宁畲族自治县地名志办公室编《景宁畲族自治县地名志》，内部发行，1990 年 12 月，第 12 页。

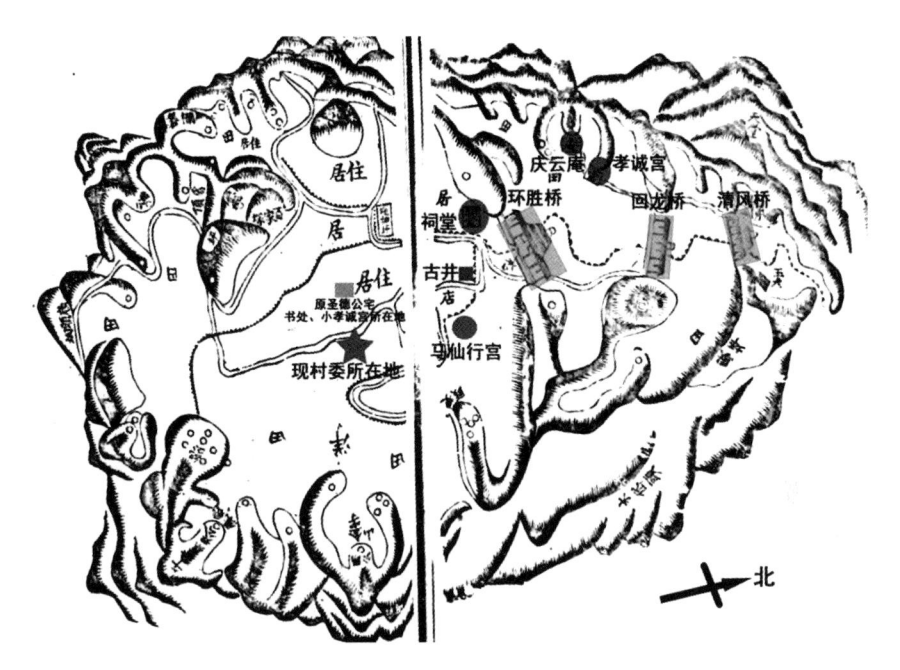

图 0-3　高演村重要建筑分布图①

演村进行了为期 3 天的初步调查。随后，2016 年 9 月 17—20 日，萧放、朱霞、鞠熙 3 位师大社会学院民俗学专业教师，带领硕博研究生共 11 人，来到高演村进行较为细致的村落调查。2018 年 12 月，萧放、鞠熙两位老师带硕博研究生共 9 人赴高演村进行回访。2021 年 3 月 20—23 日，萧放教授安排重庆工商大学孟令法、北京行政学院王宇琛两位民俗学专业教师在梧桐乡党委书记叶旭瑛、梧桐乡文化站长陈新民副研究馆员、高演村一肩挑书记，主任任林君的陪同下再次赴景宁和高演进行回访。

在调查中我们发现，进入中国传统古村落保护名录已经为高演村带来了外部资金与社会关注度。中央政府为高演村投入 300 万元专项

---

① 底图为乾隆年间《（高演）境内总图坟居大览》，收入道光十六年《景宁高演任氏宗谱》。图上黑体标注为本书作者后加。

保护资金，浙江省政府一次性投入700万元专项资金，除此之外，相关部门还有500多万元的配套资金，专门用于村落保护与旅游开发。浙江省委副秘书长、中国美院、浙江省古建研究院等多种社会力量纷纷将目光投向这个村落，传统村落保护已经成为全社会对高演村的期待与共识。以高演村深厚的人文传统为基础，在现代乡贤的积极参与推动下，高演村的传统村落保护与基层社会治理取得了不俗的成绩。除古建筑保护外，一些惠民工程，例如河道整修、消防池建设、庙宇修缮、自来水供应等项目正在落实，村政府也积极开展各类活动，打造乡村旅游品牌。对此，孙英芳在2016年第六届中国社会治理论坛上发表的会议论文《村落家族文化、乡贤与农村基层社会治理——以浙江丽水市景宁县高演村为例》中已有论述。

本书所使用的资料分为田野和文献两种：田野资料可以分为深度访谈资料与观察资料两类。访谈是调研使用的主要方法，2014、2015、2016、2018、2021数年间我们多次到高演村进行驻村调查，与村落中的几乎所有常住人口有过交谈，重点访谈近40人，获调查录音数百小时。很多重点访谈人出生于1960年以前，尤其是村里1950年以前出生的老人，我们尽可能进行了深入访谈。访谈主要从时间、空间与社会组织三个方向切入，涉及村落节日活动、人生仪礼、物质生产、日常生活空间、神圣空间、人群关系等方面内容，这些访谈资料为我们比较全面地了解村落社会生活奠定了基础。同时，我们对高演村的村落布局、家庭生活、节日仪式进行了参与式观察，全程参与了高演村的2016年崇学旅游节、2017年崇学旅游节筹备过程，对仪式、表演、参与人群进行了观察。

第二类资料是文献资料。我们在高演村搜集到石碑一通，是刻立于清光绪二十年（1894）的《路岭路碑》，还在马仙行宫、孝诚宫、凉亭搜集到多种房梁刻字，刻写时间从乾隆中期一直延续到1985年。其次，我们在1937年出生的任启财老人家中搜集到三种宗谱，分别是道光丙申年（1836）重修《景宁高演任氏宗谱》、光绪庚寅年（1890）重修《景宁高演任氏宗谱》和民国庚午年（1930）重修《景宁高演任氏宗谱》。三种宗谱均以乾隆辛卯年（1771）《高演任氏宗谱》为底本，历年增补，在初编时即已遵照当时已经成形的家乘体例，首有谱序、题词、凡例、迁徙源流、领谱字号，次有像赞、家规家训、世系图、家传、事略，末卷有坟图、契约、田地、跋。每段传、略、赞、图后均有作者名字，我们因此能确定每段资料的具体时间与写作情况。从乾隆到民国时期宗谱不断重修，这成为我们了解高演历史情况最重要的资料。

最后，调查组还在北京师范大学图书馆、电子地方志数据库、景宁县档案馆、景宁县图书馆中收集到了17种与景宁县或梧桐乡相关的文献。据《景宁畲族自治县志（1995年）》载，景宁历史上共修八

图0-4 调研团队与丽水市宣传部共同查阅任氏宗谱

图0-5 萧放教授带队访谈

次县志。明嘉靖六年（1527），第一部《景宁县志》成书，刊本已失。明万历十六年（1588），第二部县志成书，刊本6卷，现藏于国家图书馆。清雍正十三年（1735）、清乾隆四十三年（1778）、清同治十一年（1872）均曾重修县志。民国二十二年（1933），始纂《景宁县续志》，历十月成书[①]。我们搜集到其中不同时代的地方志共5种。另外还有地名志、人物志、教育志、传说故事、政府档案资料等不同类型的文献资料。

---

① 《历代修志纪略》，柳意城主编《景宁畲族自治县志》，浙江人民出版社1995年版，第574页。

第一章　环境、人口与历史

关于高演村名的来由，民间流传有很多说法。高演任氏宗谱记载了清代村落精英对村名的解读，认为"高演"字面意思是"高山水长流"，是对当地秀丽景色的概括。"昔高者谓山也，演则水长流之貌也。谚云山高水也高，其古人揽山水之胜而赐此名也乎？予也生长兹土，愧守株之拙未能建翎高飞为闾里一生色，然而山川毓秀必挺异材。是所望也，后之君子其勿嗤予为庸妄也。"① 也有另一种说法，村名高衍，是山中积水之意。还有人说，高演是在高山顶上的盆地，由于读书获得功名的多，很多家户门前竖起高高的桅杆，从远处望见，犹如筷子密插在筷子桶中。显然，除去对

图1-1　高演民居的桅杆

---

① （清）任制琡：《高演记》，《景宁高演任氏宗谱》，道光十六年重修。

自然风景的自豪，高演人在对村名的解读中还蕴含了对历史上崇学传统的认可，寄寓了对族人读书出仕的期许。

确实，高演村及其所在的景宁县，一方面毗邻金华、衢州、温州，处于中国明清以后人文鼎盛、经济繁荣的浙江沿海地区，相对便利开放的区位条件使此处历来不缺文教礼乐；但另一方面，这里又处于群山环抱之中，"九山半水半分田"的自然环境使得农业种植困难，单纯依赖农业或者林业都无法保证当地村落的兴盛、人口的繁衍。因此，"走出去"是高演村民几乎唯一的选择。最后，与景宁畲族自治县其他大部分地方不同，高演村不是畲族占主体居民的村落，而是一个处在畲族自治县中的汉族村落，这一特殊的文化地缘状态，可能是造成这一村落极为强调文教、科举与读书的内在原因。

一　环境、人口与建制

高演村所在的景宁畲族自治县是浙江省畲族的主要发祥地、革命老根据地和贫困山区县之一。景宁地处浙江省南端，东邻青田、文成县，南接泰顺县和福建省寿宁县，西连庆元县、龙泉市，北毗云和县，东北靠丽水市，面积1949.98平方公里，现辖5镇、19乡。县人民政府驻鹤溪镇，直线距离杭州市259公里。景宁自古是东南沿海开放城市温州的纵深腹地。旧时景宁县有3条大的古道，分别为通京大道、省际古道、府县大路，将景宁与周边府州县连接起来。这些古道、大路，除少数山路路段仍有路径可行走外，现多数已被铁路、公路、机耕路所替代。

景宁地处洞宫山脉中段，地貌格局有"两山夹一水，众壑闹飞流"之说。两条基本平行的支脉，自县境西南向东北递倾，两壁迂回错折，山岳重叠，沟壑深邃。全县千米以上山峰779座，从高空鸟瞰地面，只见千皱万褶，峰峦簇拥。发源于庆元县大毛峰的小溪（古称沐鹤溪），自西向东贯穿景宁全境，将景宁分为南北两部，小溪境内流长124.6公里，流域面积1725.56平方公里，水出鹤口，汇于瓯江。①

高演村地处景宁县城南部35公里的丛山中，海拔760米，附近高峰海拔800米。高演村的自然景观相当优越，它坐落于瓯江水系上游。洞宫山脉自福建入浙江后分为左右两支，其中右支由寿宁进入景宁县，经由上漂（标）、大际两地蜿蜒奔赴而下，高演村就位于这一支山脉的最高处附近，南邻国家4A级风景名胜云中大漈，西靠浙江省最高峰黄茅尖，山下流水为小溪源头，汇入瓯江由温州入海。高演村头的飞凤山，分出左右两支，蜿蜒湾抱，又合聚于水口三关，环嶂似城、紧户如封。站在村中环顾，山不高而秀雅、地不旷而夷坦，风光独特，历来有古木朝晖、雾冈夕照、金岗晴岚、凤山霁雪、豸顶间眺、云庵幽憩、叠石呈奇、三桥环胜高演八景之说并有古诗存于家谱。

在人口方面，景宁人口沿小溪地带稠密，南部山区分布相对稀疏。2000年11月1日全县常住人口为10.71万人，10年间人口呈下降趋势，共减少4.59万人，下降30.0%。全县常住人口中，汉族人口为9.19万人，占85.81%；各少数民族人口为1.52万人，占14.19%；其中，畲族人口为1.45万人，占13.54%。②景宁畲族自治县成立于1984年，是目前全国唯一的畲族自治县。畲汉人民由于长期交错杂居，在政治、经济、文化上都有密切联系，畲族的生产生活水平与当地汉族日渐接近。只是在语言、生活习俗和宗教信仰上，还保留着本民族的特点。近年来，景宁县以畲族地方文化特色为抓

---

① 本部分关于景宁县地理位置与基本概况的资料，主要参考柳意城主编《景宁畲族自治县志》，浙江人民出版社1995年版。

② 民族人口资料来自景宁畲族自治县地理百科，网址见https://dili.chazidian.com/baike-29035/。

手，积极发展文化旅游业。2009年3月28日，国家文化部授予浙江景宁为中华民族艺术之乡。高演村作为一个汉族为主体的单姓村，就是处于这样的人口和民族背景之中。

明朝高演不见于官方文献①。清同治十一年（1872）景宁设七都，领十八图四坊。其中五都位于县南，南界福建省寿宁县，东南界泰顺县，高演村是五都一图的领庄之一。宣统二年（1910）景宁设城镇乡自治，将旧有七都划13自治区，其中南安乡区辖旧五都一图、二图领庄，高演村属南安乡区。民国二十年（1931），景宁县改编乡镇，全县设5区、1镇、67乡，编981闾，4828邻。其中高演村属于第五区高演乡，领庄7个，乡长和办事机构亦驻扎于斯。② 民国二十三年（1934），废闾邻，立保甲，景宁设1镇、22乡、260堡、2652甲，高演为保甲长之一。1949年5月12日，景宁县解放，废除保甲制度。20世纪50年代初，高演属景宁县大际区高演乡。1957年3月，景宁恢复沙溪区，辖沙溪、标溪、七里、梧桐、鸬鹚5乡。同年9月，实行人民公社制，全县为8个公社，41个管理区。沙溪改为公社，下设沙溪、季庄、标溪、梧桐、鸬鹚五个管理区。1958年，高演大队划归梧桐人民公社。③ 高演现属梧桐乡高演行政村。

二 自然资源

景宁县地属亚热带季风气候，温暖湿润，四季分明。常发水、旱灾害，伴有风、雹和冻害。全县耕地10.47万亩，其中水田9.05万

---

① 明景泰三年（1452）析青田县柔远乡仙上里、仙下里、连云里和鸣鹤乡（含曳练里、真固里、在下里、在上里、升天东里、升天西里）置景宁县，编户56里，名称无考。明成化《处州府志》仅记鸣鹤乡一地。

② 也有人说，1931年高演所在的梧桐乡属第一区。

③ 此处根据多种资料整理，但主要参见《景宁畲族自治县志》，浙江人民出版社1995年版。

亩，宜多种农作，主产水稻、番薯、大豆、玉米、小麦。林业用地234.84万亩，占总面积80.24%，森林覆盖率66.05%，蓄积量471.1万立方米，主产松、杉、毛竹，有油杉、罗汉松、银杏、侧柏等珍贵树种，是浙江省用材林基地县之一。苍莽山地，还有野生药材千余种，可食用菌类、蕨类及山果尤丰。已知矿藏18种，铁、萤石、叶蜡石储量甚多。年水资源总量22.2亿立方米，水能资源理论蕴藏量66.62万千瓦，可开发量53.04万千瓦，优先开发量13.5万千瓦。

高演村坐落于景宁一个相对封闭的高山盆地底部，四面山岭锁扼，光照充分，盛行亚热带季风性气候。这里山多田少，耕地面积749亩，人均0.8亩。村里以种植水稻为主，只要有水源的地方，就会有稻田，因此高演的农田比较分散，很多是一小块一小块分布在山岭上，10多里外有村里的田。由于地处高山，高演村的自然灾害以旱灾为主，主要表现为水稻种植用水不足，伴有风、雹和冻害。现在村里的劳动力流失严重，少数在家的村民基本上只种离村子近的田地，其他地则撂荒了。

近年来，由于自然生态恢复，村里常常有野猪来吃稻谷。野猪吃过的稻田，中间会有被野猪糟蹋的一片片压倒的稻子。村民为了对付野猪，会在田边放上穿红衣服的假人，用来吓唬野猪。除此之外，有人会在田边设套子。村民在田埂旁挖个洞，里面放上夹子，用绳子固定，然后再在洞口虚掩上草叶。野猪如果踏进洞里，就无处可逃。我们外来的调查者分不清洞口与普通地面，但在本地人任传贵看来，放野猪夹子的洞口一目了然。我们在一次采访当中，就听说邻村打到一头野猪。野猪被村民设下的夹子夹住，村民发现后将其打晕然后宰杀。

高演的林业用地17438亩，林区土壤以砂质壤土和黄土为主，偏酸性，主要种植厚朴、杜仲、茯苓、金银花等中药材。从1970年代到 1990 年代的 20 年间，高演村利用山地资源建成了厚朴、杜仲基地 8800 亩，是国家级和省级的重点厚朴基地，规模为全国之最。另有杉木材基地 1640 亩，茶叶 163 亩，蔬果基地 140 亩。村里除了厚朴基地，还有 800 多亩的公田。这些公田多为山岭和林地，归村委会管理，所得效益为村委会使用。

在农业用水方面，高演一带虽然雨水充沛，但田地多分布在山上，保水蓄水不易。当地人长时间以来形成了约定俗成的用水分配机制。任传贵告诉我们，一条水一般三四户人家共享，水尾的村民先接水，水头的村民后接水，水资源可做到公平分配。如果田在水头的村民先把自己的田灌满水，不给水尾的村民放，会容易挨骂。再加上这里气候多雨，因分水而造成的矛盾纠纷并不多见。现在稻田较过去少，因此农业生产也不是特别缺水。

在生活用水方面，村里以前饮用水依靠水井，村里有七口公共水井，有的分布在村民院子里，但这并不影响其他村民使用。大概 20 多年前，村里用上了自来水，现在村子北部的山冈上有饮用水源保护地，日常饮水不是问题。以前的古井渐渐废弃，只剩下了一口井还在使用，这口井水味清洌甘甜，一般村民酿酒的时候才会用它。日常用水方面，现在村子中央的广场，原来为水田，因村里人无处洗衣服，1980 年前后村民在这里挖了个洗衣池。池边用石板围了三圈，很美观。约在 1984 年，村里将洗衣池填平，在上面建了如今的大会堂。生活废水处理方面，原先山上和田间的水流进各家门口的水沟，在环胜桥前汇集，自西南到东北从环胜桥下流出，经过廻龙桥，到清风桥下时，成为一道瀑布落在山涧中。浙江省推行"五水共治"政策后，村民家门口的水沟经过了治理，生活污水由另一个管道排到化粪池。

三 生计方式

由于地处深山盆地，远离交通线，高演始终没有萌生专门的商品经济。至少从有史可查的清乾隆年间起，至民国末年，高演村一直是一个农业种植为主、低水平自给自足的村落。在物质生产领域，高演几乎没有产生社会分工与专业化，没有发展出专职的商业与手工业从业者。村民在耕种以外的主要精力用在读书入仕、戏曲表演和宗教祭仪上，而且这些人员的生计来源仍然依赖农耕。

在农业种植类型方面，主要以稻米为主，一年两熟。高演湖田少而山田多，因缺水无法种植水稻的山林地带以出产林木为主，售卖林木与野生草药的收入对村民而言极为宝贵。除此以外，其他副食副业的产出基本是自用，由于地处深山，运输艰难，山货的贸易量并不大。例如，村民一般只在自家院中种植少量蔬菜。"茶叶仅有各户自种自用的'菜园茶'，毛竹栽种也很少，茶竹文化发展很少，村内也少有大宗的土特产向外界销售。"[①] 20世纪70年代，高演村集体在山场建立了木本药材生产基地，逐渐改变了高演村的经济结构。

总之，土地是高演村最核心、最重要的生产资料，土地的所有与分配也是高演村经济的核心与基础。与之相配套的，还有相应的收入分配机制、公共服务资源投入机制与民间交换机制。以下本书将一一说明。

（一）土地所有与分配

正如前文所说，高演村的土地分为两种，一种是可以种植水稻的

[①] 陈新民：《梧桐乡高演村落文化调查记》，梧桐乡综合文化站编《梧桐群众文化特色村》，2011年，第11页。

田地，另一种是生长林木的山场。历史上高演大量的田地和山场属于宗族公有，面积覆盖了本村以及周边七八个村。相比之下，农户私人拥有的田地山场在数量上远远不及公产。

1. 山场

山场的所有关系比较简单，《家法十六则》中记载："本族俱系公众山场，并无己业，虽契内与案上名字不等，亦系办事之人出尖，有名其祖名字，其子孙即不得执为己业。"① 明确规定所有的山场是集体公共财产，地契上的名字只是方便办事，不能证明土地的私人财产所有权，更无财产继承权。据《景宁高演任氏宗谱》卷六《图引》中所记，高演境内山场自明初买自何姓，境外以及地方之山非一姓出卖也，到乾隆年间修谱时，共130余亩山场，直到道光年间重修宗谱时，这些山场产权仍在族中，归祠堂共同管理。因此，可以认为，山场土地基本遵循了高演任氏宗族集体所有。为维护这一制度，高演任氏采取两个办法：第一是所有权与使用权不得分离，第二是所有与之有关的使用行为必须经过同族公议。

山场土地有两大功能，首先是作为坟地选址，其次是林木售卖获得收入。《图引》中说："山设以图，先世之遗骸在焉，余魄栖焉，所系盖诚重也"，凡为山场，都可以作为坟地使用；凡族内成员，只要择定方位便可使用，但是必须经过祠堂公议。《家法十六条》中记："祖先坟茔，先灵托栖之所，族有择兆者，或近墓旁，预宜鸣众理取，倘有盗葬侵圹，经公押扦外以烹塚律论。"乾隆三十六年（1771）任制镏为全族山场坟地绘制了示意图，从中所绘各处坟地来看，山场中坟墓分布都较密，尤其是高演境内，围绕盆地一圈的山边几乎已无隙地，且多为聚集而掘，相互之间距离很近。② 因此，所谓

---

① 《家法十六则》，《景宁高演任氏宗谱》，道光十六年重修。
② 参看前附之"高演村重要建筑分布图"，图中原绘有小圆圈者均为坟地。

"族有择兆者，或近墓旁"，应该是不可避免的情况。而族规家法对"盗葬"一事处罚之重，足可见任氏宗族对土地集体所有的重视。但是，即使如此，仍不能完全避免私欲对公产的侵占。

清嘉庆二十一年（1816）时，任氏族中兴起一股"化掘养篆木植"之风。所谓"养篆"，即养护风水，乃预先在坟地中种植适宜树木，以期涵养风水、润泽坟地、荫蔽后人。族人纷纷在山上划定一片区域，以养篆为名种植树木。在当时当地的观念中，这类攸关风水的树木事关植木之家的世运，不敢轻易毁坏，植木之人于是理所当然地拥有了对这片林地的使用权，事实上也将这片土地占为己用。当时的族长任制锯与各房房长认为，这股歪风必须严厉禁止，原因有三：第一，各房占据的土地多少不一，并不均匀平允，容易造成财富分化；第二，林地私人所有后，族人日常樵木伐薪多有不便，必然容易滋生事端；第三，养篆之木现在还小，但将来一旦成材售卖后，所产生的经济价值究竟应归公还是属私，必启争端。为了避免这些祸事，于是各房长公议：高演境内的各处坟墓，孝诚宫、庆云庵等寺庙附近的树木，以及路会在山路两旁所栽种的树木，都严禁砍伐，照旧护荫。除此之外，不管是境内还是外村，所有私人栽种的树木全部收归集体所有，凡是松木不许火烧或擅砍。并且约定，自此公议之后，严禁私自养篆种树、阻止砍薪滋事，否则轻者开祠堂审理，重则扭送官府治罪。① 到了道光十六年（1836）重修家谱时，族长任懋又再次重申，所有山场均可用于族人安葬，族内其他人不能以自家历来曾在这片山地上种植树木，或现在正在此处养篆植木，或此处靠近自己的田地为由出面阻止，只要方位合适、风水得当，祠堂公议认为未曾侵犯祖坟、不会影响风水，就可以在高演任氏名下的任何一块山地中安坟下葬。②

---

① 《约附》，《景宁高演任氏宗谱》，道光十六年重修。
② 《又重修跋》，《景宁高演任氏宗谱》，道光十六年重修。

除了牢牢将土地的所有权与使用权统一归公之外，山场土地上的所有收益也归集体所有。《家法十六则》中强调，山场为全族公产，凡是要出售山场，必须经过全族子孙的共同商议，否则会受到逐出宗族的处罚，"族有子姓，擅自背众盗卖者，永逐出祠，并迁其父神位"。在这样严厉的规定下，高演任氏的山场土地历经百年而从无变卖，"祠管山场，幸无变售，而坟茔前者仍刊录"①。至于山上木材，首推松木最为贵重，亦可变卖，但由于缺少记载，我们尚不太清楚售卖木材的具体细节。但陈新民提道："只有在外地木客（商）大宗购买用材林时，通过'判山'（该山场谈定口径的用材林全归客商收购）形式，进行较大的贸易。"② 也许正是由于土地集体所有，私人无权处理山场林木，故木材交易采取"判山"的形式，这样，交易商品的本质是"土地上的全部出产"，而不是某一株树木，就避免了土地本身与所产林木之间的割裂，从而稳定了集体所有权。

不过，以上所说的严格的山场集体所有制，是宗谱中规定的，虽经历代族长申斥严格执行，但可能至民国时期已有松弛。据高演村村民回忆，山场分为公山和私山，1949 年前，高演 70% 的山场是公山。靠近稻田的山林大多归各家所有，离村较远的山场划归公山。公山收入形式分为两种，一种是租用公山，向祠堂缴纳山租，山租相较于田租很轻；一种是单纯砍伐树木，所得的钱上交一部分给祠堂。

旧时瓯江中上游木材运输多依靠水路，因此沿线各埠头的山区村落能依靠交通之便，发展出一定程度的林场经济。高演受到交通阻隔的影响，虽然人均山地有近 20 亩，但林场资源没有成为全村的经济支撑。村民对山里野生的药材资源也是任其自生自长，有人农闲的偶尔"挖山药"贴补家用，但没有以此为家庭经济主要来源。70 年代，

---

① 任谦：《总跋》，《景宁高演任氏宗谱》，道光十六年重修。
② 陈新民：《梧桐乡高演村落文化调查记》，梧桐乡综合文化站编《梧桐群众文化特色村》，2011 年，第 11 页。

这种情况开始发生转变，高演村集体发动全村开发山场，山林资源逐渐成为集体经济的支柱。1970年冬，高演村（大队）决定，兴办以木本药材生产为主的村办林场，村民们在山间种植厚朴、党参、杜仲、当归等药材。从70年代到90年代的20多年间，高演建成了厚朴、杜仲基地8800亩、杉木林基地1640亩、茶叶基地163亩、蔬果基地140亩，每年可为村级集体提供数十万元毛收入。

在这其中，厚朴基地规模为全国之最，是景宁县最重要的药材基地，也是国家和浙江省的重点厚朴基地，曾受国家医药局多次表彰。厚朴，又名温朴、烈朴、厚皮，含有厚朴酚、挥发油，味苦辛，有温中下气，燥湿消痰，抑制肺炎球菌、白喉杆菌、痢疾杆菌、溶血性链球菌等药效，是医用广泛的名贵中药材。1992年，景宁县全县有人工厚朴林2.29万亩，其中高演村就有成片厚朴基地林8100余亩。高演林场首批栽植的厚朴，树高达10米，胸径15厘米以上，所产分为岩朴、油朴两种，以皮厚肉细、肉色深紫，油气足、香气浓而著称。

高演数百年来形成的公共山场文化为林场发展奠定了集体共识。厚朴、杜仲等木本中药材生长周期长，为了度过这20年的低回报期，高演发动全村人集体投工投劳，种植生产周期短的药材作物"以短养长"。从1992年开始，300余亩厚朴采取间伐的方式，陆续分批出产，当年产朴19吨，朴花570公斤，药材收入15.48万元。高演的厚朴林可以连续轮伐15年至20年，与下一轮更新周期基本相接，做到永续利用。80年代实行联产承包责任制，林场分到队户经营，但高演坚持了集体管理共同受益的原则。

对林场的集体开发改变了高演村的经济结构。村支书介绍，当年家家户户都种植厚朴、杜仲，每斤能卖到二十几块钱，农民靠这笔收入就能致富。现今厚朴、杜仲和白术、茯苓等长短周期的中药材成为村里的大宗商品，也引领周边乡村竞相种植。村民种植的经济作物品类越来越多，黄精、金银花等禾科类本草药材，以及白茶、绿茶、笋竹类成为当地农户致富创收的辅助产业。如今，高演村人均年收入在七八千元左右，主要收入来自副业种植。

2. 田地

与山场相比，田地的所有权状况更加复杂。按今天的观念，可以分为集体所有和私人（家庭）所有两种情况，但实际上，两种所有情况都来自同一种土地继承与分配制度——即基于血缘家族伦理观念的财产制度。换句话说，不是经济制度决定社会组织关系，恰恰相反，是社会组织关系决定了生产资料所有制。而即使是"公田"，也与1949年后以村集体为单位的集体所有制并不相同，甚至与山场集体所有的概念也不相同，而是一种以宗族组织和村落组织结构为依据的所有制形式。因此，要说明土地所有的情况，必须从高演村的"分家制度"开始说起。①

在高演村，理论上，有资格进入家谱的每个男子在应享有的权利方面是平等的，而财产继承也采取平均分配的制度。由于分家一般在子辈已成人、父辈尚未过世时，因此与长子继承制中继承家产的长子有义务赡养父母不同，平分家产后父辈必须要为自己将来的生活考虑。于是，为自己预留出一部分"养老田"，便成为通行的选择。在老人健在但丧失劳动能力时，儿子们轮流耕种这块"养老田"，所得收入用于养赡老人，即使老人去世后，儿子们也无权分割这块土地，而仍然要以其出产祭祀逝者，使亡人能永享子孙供奉，获得死后的宁静而不至于成为"孤魂野鬼"。② 这片"养老田"也就顺理成章成为祖先的祭田，并始终由几个儿子轮流耕种。在儿子去世后，则继续按房轮值祭祀祖先，盈余归本房轮值者分派。正是在这一意义上，"祭

---

① 被访谈人：任启年。访谈人：朱霞、王宇琛、关静。访谈时间：2016年9月18日。

② 关于祖先与鬼之间的关系，参见［美］武雅士（Arthur Wolf）《神、鬼和祖先》，载武雅士编《中国社会中的宗教与仪式》，彭泽安等译，江苏人民出版社2021年版，第137—185页；［日］渡边欣雄《汉族的民俗宗教》，周星译，（台湾）地景出版社2000年版，第一篇第二、三章。

田"成为已经分家的几个儿子的"公产"。但显而易见,这里的"公"的含义,与现代社会中一般意义上的"公",有很大不同。在高演村,村民历来称其为"照祭田","照"即照拂、照管,"祭",即祭祀、祭拜,将这类田地的性质说得非常明白(现代学者有时将其写作"醮祭田",村民们对此不以为然。——作者注)

以上,应理解为"照祭田"来历的原意,从现有材料来看,被高演族人命名为"祭田"的,并不局限于提供养老与祭祖之费的田地,还有捐赠与购买两种来源。前者如族中家计丰饶且位高者,有意将一部分田地拨出为公用,为公益事业提供专项资金。例如族谱中记,七世祖任敬英凤爱儒业,崇尚斯文,为鼓励族中弟子读书,他专门拿出四十秤租的土地,用于奖励本支下(大三房)读书取得功名衣冠的子孙,意在为夜读添灯,故名"油灯田"。后者如道光年间,族中众人认为应在村中修建马仙行宫,以革马仙神舆停驾民房之弊,于是从祠堂祭田中拿出一部分,与光一公支下大三房祭田相交换。再如庆云庵修建之初,也由创修众人购置庵田,交予住持耕种,这部分田产也被记录在宗谱的"祠田"一节中。[①] 因此,实际上,无论是高演族人口中所说的"照祭田",还是宗谱中所书的"祭田",都已在"照祭"原意上有了发展,本书也是在这个意义上使用"祭田"这一概念的。

那么,这类"祭田"在高演村有多少呢?多位村民表示:至少占全村耕地的一半左右。按:高演行政村的总耕地面积是 749 亩,高演自然村的耕地面积大约为人均 8 分,即共计 400 亩左右,其中大约有 200 亩的土地是祭田。可惜年代久远,今天的村民已经无法确切说出祭田的方位与数量,但幸好道光十六年(1836)修《景宁高演任氏宗谱》保留了乾隆与道光时期的祭田情况,这成为我们了解 18 世纪

[①] 《祠田》,《景宁高演任氏宗谱》,道光十六年重修。本部分有关高演祭田情况的文献,除特别注明外,均出自《景宁高演任氏宗谱》中《祠田》一节的相关记载。

至 20 世纪中期高演村祭田情况最重要的资料。表 1-1 是宗谱记载的祭田的简要情况。

表 1-1　道光十六年《景宁高演任氏宗谱》中记祭田情况

性质	用途	数量（坵）	租数（秤）
祠祭田	瑞一公（任元祯）祭田	61	47
	水六公（任守礼）祭田	约 25	53
	晏六公（任敬英）祭田 此田与马仙行宫交换地基，故只在三房内轮流耕种	5	19
	晏六公（任敬英）祭田	59	91
	光二公（任绍显）祭田	25	68
祠祭田共 9 号，租 272 秤			
始祖大坟祭祀	任纪公清明祭祀与佛首迎神		50
光一公支下祭田	瑞一公祭田	共 8 号	158
	水六公祭田	共 6 号	161
	晏六公祭田	共 5 号	152
油灯田	七世祖（任敬英）另拨	共 2 号	40
光一公支下大三房祭田共 19 号，租 471 秤			
房祭田	海六公（任世尹）祭田	共 7 号	435
马佛田	孝诚宫佛田	共 13 号	158
	佛首迎神，与任纪公祭坟合用		50
	备用佛田	新垦水碓基，租 3 秤，单坵水头，均作余备	
庵田		共 7 号	80

表 1-1 中所列出的祭田共租谷 1512 秤，按 94 岁任启瑞的说法，"两石田一石租"（即年产量 2 石的田地，每年交 1 石田租），折算成田地即 3024 秤田地。秤即斗，10 斗为 1 石，土改时 4 石田算 1 亩，

则道光十六年（1836）宗谱中所记祭田总数为 80 亩左右。其中，祠祭田约 7 亩，收祭租 4000 斤左右；任纪公清明祭坟与佛首迎神，共祭租 750 斤左右；光一公支下三房公用祭田约 12 亩，收祭租 7000 斤左右；光一公支下大房内房祭田约 10 亩，收祭租 6500 斤左右；孝诚宫的马佛田约 4 亩，收祭租约 2500 斤。庆云庵的庵田共约 2 亩，收祭租约 1200 斤。从宗谱记载来看，这一情况的形成大约经过了 3 次重要事件。

第一次，是清康熙六年（1667）清丈田亩。当时正是海六公任世尹担任族长之时。据《时泰公行状》中说，由于清初战乱，至任世尹出生时，高演任氏已"丁希力弱，田园将萧，几隳远到之志矣"。任世尹于是发奋图强，一生勤勉节俭，创下颇饶家计，不仅创立居宇、开荒垦田，而且乐善好施、深谋远虑，他任族长期间一一查明先世祖先坟茔所在地，整修坟墓、继祭香火。[1] 也许正是在整修坟墓、振奋家世的过程中，任氏开始清点丈量历代传下的田亩，厘清边界、测定产量。这为后来祭田制度的确定打下了基础。更重要的是，任世尹的祭田是有据可查的最晚确定的祭田，乾隆、道光两朝清点祭田、登记入册时，再不见有他人名义的祭田。可见此后宗族结构与祭祀制度逐渐稳定，祠祭田与房祭田均不再增加。当然，家庭内部仍有"照祭田"产生，例如《路岭路碑》中记载，包括任制鎠、任廷宁、任观孚等名下都还有祭田[2]，但这些祭田已不再被认为属于祠祭田和房祭田的范畴，而只是家庭财产。

第二次，是乾隆三十二年（1767），确定了祠祭田、房祭田、马佛田三类带有集体所有性质的田产。当任圣纲任族长时，宗族蕃兴、人丁兴旺，是年祠堂创修，两光四房的架构完全确定下来，于是光一

---

[1] 包景星：《时泰公行状》，清康熙六年（1667），《景宁高演任氏宗谱》，道光十六年重修。包景星，任世尹的姻眷弟，时任山东济南临邑县知县。

[2] 参见第三章"山路与凉亭"所引《路岭路碑》。

公支下拿出五世祖任元祯、六世祖任守礼和七世祖任敬英名下共210秤租的祭田，光二公支下拿出二世祖任绍显68秤租的祭田，共同充作祠堂公用之祭田。在此之前，这278秤田所积祭资之盈余，平均分成四份，由四房分别收存。始祖任纪名下有50秤祭田，其中30秤用于清明祭任纪祖妣之坟，剩下20秤则用作历年佛首迎神之资，此次也纳入祠堂统一管理。除此之外，光一公支下还有任元祯、任守礼和任敬英名下原有的祭田共471秤，就由光一公支下三房轮流耕种，田租与光二公支下无关。还有前述任敬英专门用于鼓励子孙读书的40秤油灯田，也统归祠堂统一管理，故任圣纲修宗谱时均将其列入"祠祭田"。接下来，宗谱中记录了大房内部轮流耕种的房祭田，即任世尹名下的祭田情况，共435秤，比四房轮种、田租均分的祠祭田整整多了1倍。任圣纲说，按理房祭田不应被列入宗谱之中，但大房的子孙最多，祭田颇丰，又自康熙六年（1667）清丈之后陆续有新置田产，所以也列入宗谱，以免过后失落侵蚀。除了祠祭田、房祭田之外，马佛田于此时也已确定。除了任纪祭坟田租中有20秤用于马仙迎神会外，另有160秤左右的祭田专门用于孝诚宫管理与维持的费用。任圣纲说，"马佛之租应不梓谱，但高演惟予一族居址。始祖既已设立迎奉，置下田亩立户，孝诚宫亦属天地同久之举，爰是不讳注明田号丘数四至，亦志其田之永久无失耳。"在任圣纲这里，宗族与村落之间的区别是明显的，马佛田作为村落组织的公产，不归祠堂管理，本来不应记入"祠田"一节中，但高演村乃一姓之村，村落组织对宗族组织有依附关系，因此清点并记录马佛田的田产，使之不致遗失，也成了任氏宗族所肩负的责任。

第三次，是道光十六年（1836）重修宗谱时，重新清点并厘清了祭田（宗谱中此时也称"祀田"）的情况。此时针对祭田，共做了两项工作：一是修订宗谱中缺漏和有更改之处。乾隆年间修宗谱时，并未将庆云庵的庵田列入，大概任圣纲是认为庆云庵地位尚在孝诚宫之下,且庵田归庙主自行耕种,故不合于"祠田"体例下列入。但任谦主持重修宗谱时,则将庵田也算作祠堂公产。另外,由于修建马仙行宫时,用了大三房轮种的那部分祭田,而马仙行宫乃全村之事,理应宗族共同出资,故当时用祠祭田中的19秤田与之交换,从此这19秤晏六公祭田就由四房轮种改为大三房轮种。此次修谱,将这一变化也详细说明。二是趁此次修谱之机,重新勘明祭田,并重申各项祭田"归众所有"的性质。祭田凡有崩塌之处,均重修完整,如果有人趁田崩塌,趁机占为己有,或在祭田旁边私垦者,酌情给一定工钱,将这些土地重新"均归入众"。如果在清点过程中发现有人为了开荒而妨碍祭田出产,或在祭田之上截断水路,或在祭田之下偷放灌溉,以致祭田减产的,必须予以赔偿。另外,如果轮值耕种祭田者,可以以别的形式缴纳田租,也可以根据田租多少收入祠堂,"入众公收,贮积以作补收祭田之需"。不仅在"祠田"一节中,在宗谱的《家法十六则》、"坟茔"等处,也多次重申集体所有的祭田不容私人侵蚀,《家法十六则》中说:"祭田书名土名、田垛、租数入谱,以免后裔失管,如遇侵蚀者不可避嫌,宜共饬之,至有在祭田傍边上下附掘新田,祠内稽查验明入众,不许私为己有。"而"坟茔"一节中也说,"今仍有侵掘众田,贪隙地修为己田者,兹复以各房谙熟田界,若经遍览勘明,实系众田者,取而规之,亦登谱作众。"这些内容都在强调,凡是侵蚀公田作为私田,或是妨碍公田耕种的,一经查明,全部归公。这些三番五次的申明不仅反映出当时集体所有这一方式所面临的挑战,也反映出宗族权力对于维护土地集体所有的决心。

到我们田野调查时,祭田的数量与宗谱中所记已有很大出入。一方面,村民所回忆的祭田种类远远大过宗谱所记。村民至今清楚记得很多"会"均有会田,除了"油灯田"记录在册之外,别的会田均不见诸于宗谱。是在修订宗谱时这些"会田"均不存在么?恐怕也不是,我们发现,在"祠田"一节中提及,海六公祭田中有一处康熙以后新置的田产，位于何庄赵监下段，共租50秤，这块地的界址"上至十二曲路会田"，已经出现了"路会田"的名称。但之所以宗谱中不记，恐怕还是因为路会田非宗族公有，仅乃本会中人所有，是故不载。的确，按村中老人任传瑶的说法，"入会的人才有（会田）。比如入会的有5个人，他们够用就是了"。① 其他人也说，会田是在固定几个会员中间，以及会员的子孙中间传承。如果退出，需要把田转让给新的入会者。另一方面，即使是宗谱所记祭田，可能到后世亦有续置和变化，例如，多位村民告诉我们，在他们记忆中马佛田的土地非常多，祭租也高，仅清风桥边的一坵田，就可以打几千斤稻谷，"清风桥东边稍微高一点那一块，我们以前走去就叫佛田。可以打几千斤。佛头田很多，那一丘最大"②。供应演戏的食品、供神的年糕都从佛田支出。

总之，在18世纪中期至20世纪中期的高演村，存在两种不同的"集体所有田产"。一类是理论上归祠堂（即宗族组织）集体所有的田产，主要包括全部山场与祠祭田，由于高演单姓村的性质，作为村落公产的佛田与庵田也被视为宗族公产。另一类是为部分人所有的田产，包括房祭田与会田两类。房祭田由本房内子孙共同享有产权，在本房内轮流耕种。而会田是入会者享有产权，不得对外交易的田产。无论是两类中的哪一类，它们一个共同特点是不允许出售，只能买进，不能卖出。

事实上，不仅是高演村的"公田"与我们今天所说的集体所有制有一定出入，其实"私田"也不完全等同于我们今天所说的个人所有制。私田中用于供奉健在或去世父母的田，其产权人并不拥有土地

---

① 被访谈人：任传瑶（77岁）。访谈人：朱霞、王宇琛、关静。访谈时间：2016年9月19日。

② 被访谈人：任传齐。翻译：任妙琴。访谈人：朱霞、王宇琛、关静。访谈时间：2016年9月19日。

的任意处置权，这部分田事实上也是只能买进，不能卖出。《家法十六则》中规定：如果任氏子孙中有行为不端，好为游荡嫖赌，以至于必须家产荡尽，擅自出售或者典当父母的口粮田、祭田的，先由家长训斥，如果仍然一意孤行、任意妄为，将"送祠公责"。

同时，《家法十六则》中还规定："立继例应名分相当，即或立爱，亦难背越。至有本人甘抱异姓，业产酌为一半入祠，永为定规。"一方面宗族内实行以血缘关系为基础的集体所有，另一方面宗族血缘的边界极为清晰，禁止了外姓入族的途径。族内执行严格的遗产继承制度，避免了财产纠葛的产生。因此，高演村的土地呈现出较为封闭、商品化程度低的特征。

（二）收入分配机制

正如前文所说，高演任氏宗族内的公共土地实行轮值制度，在有资格租种祭田/会田的人群范围内，每人（每家庭）耕种一年，按照祭田数量上交租金，同时负责新正拜正颜等仪式。而这笔收上来的租金，主要有三种用途：祭祀开销、公共服务与工资薪酬。其中，祭祀开销主要包括购置祭品、胙肉分配、设宴演戏等。关于祭祀活动的内容与方式，下文将有说明，兹不赘述；公共服务主要包括维修公共建筑、进行社会保障与公共事业。高演村的公共服务事业非常丰富，本书第二章将会详细说明。最后，为宗族或村落集体服务的人，会有一定的报酬收入。这类报酬有三种发放形式：（1）族长、东西两献等族中重要人物，平时负责领导日常事务管理，在祭祖时，他们会相应地多领胙肉，以示地位不同；（2）负责管理孝诚宫、马仙行宫的房长，负责日常管理环胜三桥的族中成员，会相应的因其职责而领到报酬，由于他们管理的是全族公共财产，其薪酬从祠祭田的田租中支出；（3）庆云庵的住持，自行负责种植庵田，庵田收入就归他使用，当然，庵田出产也需要用于维持庆云庵香火与殿堂建筑。

以上三类支出方式中，最后一类是独立的，庵田一旦被拨出，就独立收支，不与其他支出相混。但前两种支出涉及祠祭田租金的分配，当租金不足时，需要考虑支出的优先秩序。从族谱记录来看，公共事业与祭祀典礼的优先级在饮宴支出之上，《任氏重修家乘朴庵自述序》中，任圣纲提及："因集族商议，今后各处山租之银，不许竞相侵蚀，所宜贮积以为修祠续谱之费，并将祠堂及各处大坟歇停散饮，蓄金以赠之，迄今又十余年矣。"为了修宗谱，在十几年间，除了祠堂与大坟祭祀必需品之外，饮宴费用一律暂停，将祠祭田的租金收入积聚起来用以修祠修谱。

（三）物质生产与生活习俗[①]

高演地处丘陵山区，人们因地制宜发展出一系列生产生活习俗，这些习俗围绕着他们的日常物质生活展开，不事浮华，务实质朴。

1. 生产习俗

往时，高演山区的主要生产活动是农耕、林作和养殖。农耕首重"时令占验"。在旧时没有天气预报和科学种田知识情况下，以时令气象变化为兆，择期播种，预兆丰歉，这些经验以谚语形式在高演农民口头流传，形成高演的地方性知识。以春季为例，春耕不可荒废，有"春季多掘一锄，冬季多收一箩"之说。又如春分在社前则谷贱，春分在社后则谷贵，当地谚语有云："分了社，谷米满天下；社了分，谷米如金银。"又如清明日宜晴，雨则米贵，"清明晴，谷米平。"高演人还从周围自然环境的变化中总结出经验，生动地表述为："晒死何庄，大际盖仓，晒死大际，何庄接屁"；"虹过西，山坑变成溪，虹过东，山坑无水洗葱"，等等。

[①] 本部分介绍高演物质生产与生活习俗，结合了北师大调查组的田野访谈与陈新民著《梧桐乡高演村落文化调查记》的相关内容，特此注明。

高演的耕作习俗，以往多为一熟制，现在为一稻一麦、一稻一春花（或蔬菜）等二熟制。高演地处深山，气候微寒，至今无三熟制。过去，在耕种的每个重要时间节点，都有相应的仪式禁忌，以祈风调雨顺。在播种水稻前，要准备三张裹了红纸的黄裱纸扎在竹木条上，然后插在田头以祈神佑。旱作也类似，但是要在周围撒上禽兽毛以警鸟兽。下种时有诸多口头禁忌，当地人称为"曰不得"，包括禁说"炒、吃、鸟、鼠、死、无、空、有"等语。现在，播种仪式基本消亡，语言禁忌仍然有人遵守。将秧苗移种到水田是耕作的关键环节，农户在第一次拔秧时举办简单的仪式，称为"开秧门"，种好最后一亩田后称为"关秧门"，在这两个环节要杀鸡母头。夏至后第一个辰日为"分龙"日，过去在分龙日这一天人们击栲栳、盆盂充当锣声，祈祷龙王降下"分龙雨"。这一天的民间禁忌有禁污秽，不可挑尿桶及禽兽栏肥，禁洗晒衣服等，违者罚谷，现今这些禁忌已不存。旧时还流行"尝新"，讲究"新谷登场"时将第一口新米饭献给家中年纪最长者品尝，今可行可不行。

施肥是农家的头等大事。旧时高演施肥的习惯做法有割柴叶、搅灰、烧寮灰等。春耕时割柴叶，是割取山上草木新枝嫩叶，踏进田里作基肥。这项工作非常辛苦，下地干活的劳动者要吃糯粳米拌酒肉增长力气。高演山路崎岖险陡，到稍远的田地施肥只能肩挑，粪便容易泼洒，当地人采用草木灰搅拌粪便使之凝固的办法，方便挑往山田施肥，此举称为搅灰。搅灰解决了粪肥运送的困难，却大大降低了粪肥和灰肥的肥力。现在村民多使用化肥，割柴叶、搅灰的方法被逐渐取代。"烧寮灰"是一种古老的培肥方式，至今许多人家还在使用。农户每家屋旁建有四面泥墙的方形建筑，盖有瓦顶棚，仅一面开门，墙头与顶棚中间留有空隙。这个建筑专门用来烧灰，被称为"灰寮"。烧灰是将干燥草木外面覆盖垃圾、山灰、草皮填满寮中，在灰堆内部以暗火焐燃10—15天，寮灰为灰肥中最好的肥料。

在林作方面，旧时营林的方法是片伐炼山，插栽杉树或点种油桐、油茶等经济林木，在其自然"养绿"后，归还山主或与山主分成。为了保护山场林木和药材、竹笋、菌类等出产，高演制定有各类山林禁约，约束人们在山场的活动。旧时炼山还林等落后的耕作和营林方式容易引发火情，因此人们制定有"火烧山禁约"以惩罚肇事者。按照规定，起火者要杀大猪一头，猪肉散分各户，还要烧"打火饭"给扑灭山火的众人。在邻近火区作业发现火情而不上山协助扑火者，要陪同罚猪肉。又如"留笋养竹禁约"规定，无论公山、私山、会山、坟山、庙山等，全村统禁私挖冬笋和春笋，必须在规定日期统一开挖，禁期挖笋视作偷盗，要罚谷示众。"坟山禁林"规定，距坟三丈六尺（鲁班尺）的范围是祖宗坟林，不许樵砍，三丈六尺外山场准许村人砍枝叶作柴火。现在的营林方式从环保出发，岩壁陡削处封山育林，宜林地整地育苗造林，破坏生态的"炼山还林"之俗已无存。20世纪50年代至1997年，因木材比旧时升值，村委会多次制发禁约，禁约内容涉及砍伐审批，盗伐盗窃木材、药材、食用菌，薪炭林砍伐，野外用火，木材出售和森林火灾等诸多方面。

在养殖方面，当地农户出于自用的目的，饲养少量牛、羊、猪、狗、鸡、鸭等。山区耕作小块山田仰仗耕牛畜力，牛是农户的宝贝，其饮食和饲养必须予以充分重视。民间认为，苦参、蝙蝠、鲜人尿是牛的补品，牛主常以此为牛进补。春耕期需要耕牛出力，其饮食更为讲究，牛主常用红酒、大豆、糯米粥或番薯丝喂牛。尝新谷时，有先以米汤饲牛然后人才能食用新米饭的习俗。大秋作物收后至次年春耕前养牛的办法称为"放栏"，各户将栏养的牛赶到村外特定的以长草为主的"饲牛山"，放任觅食、交配，只是在通往该山的山道处设置栅栏、石坎等路障，旁可过人而牛不能过往。过去，母牛分娩后举办仪式"牛三旦"，在母牛分娩后第三天，牛主备香烛纸箔、酒肉、全鸡、米果在牛栏门前供奉，并用稀饭、米汤、黄酒等调养母牛。现在，调养母牛的办法相对更为科学周全，牛三旦的仪式从简，往往插线香于牛栏门，摆上酒肉饭即可。

耕牛是重要的生产资料，但养殖需要投入大量精力，山里每户农田不多，养牛一年用在一时，一家一牛不合算，民间遂产生分享生产资料、数家合养一牛并共用之俗。合养的牛栏固定一处，养牛成本由各家分担，放牧由各家轮值。参与养牛的各家享有一定"牛份"，春耕轮流使用耕牛，如出租耕牛，其收益亦按照牛份分配。无牛亦无牛份的农户须向本村或邻村牛主租牛，租牛又有"连人借来"和"光租耕牛"两种运作方式。现今，人们更多使用超小型的园艺拖拉机代替耕牛在小块山田耕作。

2. 生活习俗

高演人日食三餐，旧时白米饭不易得，番薯丝是桌上常客，现在以大米为主粮，其次是番薯（丝）、小麦、玉米等。高演人煮饭保留了古老的"炊饭留粥"法，此法是将米煮熟后捞米置于饭甑，剩下的米汤留下饮用或熬粥。在白米饭很珍贵的艰苦年代，人们多将米汤泡胀的番薯丝置饭甑半侧与饭同炊，米饭供客人、老人与小孩用，青壮年拌食番薯丝饭。近年来景宁县城以及沿溪农户多改用电饭煲，高演村仍沿用古老的"炊饭留粥"法煮饭。在旧时，玉米糊也为重要主食，人们将老玉米磨粉搅糊煮熟食用，也有人加豆壳灰浆增其色味。此外还有一种主食叫"面饨"，是将大麦、小麦、荞麦粉调成稠糊，扯团丢入汤料中煮熟食用。如遇客来或者过节气，则专门烹制豆饭，以赤豆饭、羊须豆饭、麦（蚕）豆饭最为常见。

在条件艰苦的年代，高演炒菜多用茶油，很少用肉油，佐餐菜肴品种不多，以时蔬为主，也常烹饪野生或人工培育的食用菌类及笋、蕨、苦菜等山蔬野菜。过去生活条件较差，缺乏鱼肉蛋类和副食，农家自制的干菜、咸菜成为桌上常客，发展出煎、晒、腌、渍、落、糟、霉等不同做法，其成品又以"梅干菜"为代表。重节气，各个节气多有简朴的应节食物。

　　高演农家日常待客的特色菜肴有"豆腐娘",亦称"豆腐儿",是将豆磨成豆浆,滤去渣滓,余下浆汁以文火煎熟成为半凝固的豆腐渣状,再加佐料放火锅上桌,味道殊为鲜美。此外,手巧的主妇还会采用各种方法加工出易保存的成菜,如豆、笋菜糖(音)、竹筒成菜(腌姜、笋、蕨、辣椒、茄子)等。家中备有多少成菜成为外人判断主妇勤懒贤愚的标准之一,旧时有"看成菜相人家"和"点茶"的说法。外村客至,每餐除热菜外,必设四色以上成菜;妇女串门,主妇常以各式咸菜装碟,分发筷子供客佐茶,称点茶或吃成茶。

　　高演人喜酒好茶。昔日高演人饮酒多为自酿,俗称"主家酒",大多采用米拌红曲酿酒,坐缸期短、易清、色红中呈绿。也有用封曲酿封曲酒,色浅黄微绿,味与香更胜红酒,但坐缸封坛期长,酿者少。近20年来,人们普遍饮用啤酒、瓶装白酒和农家糟烧白酒。高演居家必备农户自己种植的绿茶,当地风俗讲究每有客来即敬茶,凡二冲,客人只喝一泡被视为失礼。近邻串门也以茶助兴。茶间请客吃点心,亦称"请吃茶",有食物菲薄的自谦之意。

　　民国年间,高演一带的男性山民家居劳作时多着土制原色粗麻布缝成的大短衫,耐汗沤磨损,俗称腰机头。外出或闲居时穿大襟长衫,也有日常着对襟短衫的,俗称"紧身"。旧时女性上装多是单色棉布缝制的大襟宽袖衫,领、袖、襟、摆处镶宽边,通件宽大长可及膝,不纽右扣。这种女衫袖极宽大,冬日哺乳不需解纽,婴儿可由袖进出。20世纪50年代犹有穿者,今人称之为"太婆衣"。裤子旧时男女同式,多单色布料,女裤或用花布镶边,为长腰裤,白布为腰,裤脚肥大,穿时折叠腰裆,以带束之。旧时的鞋是"正底鞋",底、帮左右对称,左右两脚可混穿,女鞋前部有绣花。旧时儿童棉帽是平头帽,用青色布或绸缎面料缝制,贴浅色额,绣花或绣"长命宝贵"

"聪明正直"等字，周围饰以"八仙""如意""算盘""金锁"等微型银饰。旧时妇女的帽子是"包头"，由两片呈菱形的青面绣花夹片组成，围于耳丫上部。两菱片锐角缝合处正对额中与颅后，额部嵌红绿蓝色圆形晶体。

第二章 村落社会结构与社会建设

村庄是人的聚合地，更是一个有机体。村落的社会结构既是这个有机体的骨骼，也是它不断运转、维持活力的机制。高演在数百年的历史延续中形成了族长和乡贤带领下的"两光四房"宗族组织，民间又有丰富的社会组织与社会活动，满足了人们的娱乐、信仰，乃至公共服务需求。现代高演建立起了党支部和村民委员会领导的现代村落组织，同时，在外事业成功后返村的能人，以及以血缘为纽带的宗族关系仍然在发挥作用，共同驱动村庄在现代转型和乡村振兴的时代背景下谋求新的发展之路。

一　传统宗族组织

高演地处深山，数百年无战乱兵祸，地理环境的庇护让高演发展出稳定的宗族关系，可以说是宗族组织主导了高演历史上的日常运行。任氏宗族以宗祠和谱牒为依据，以血缘为纽带，由族长和耕读者等地方精英共同管理，管理的内容涵盖了匡正伦理家风、调解家族内部纠纷、支配家族共同财产等方方面面。

据《景宁高演任氏宗谱》，高演任氏奉萧梁时（502—557）御史中丞乐安任昉为鼻祖，居浙江萧山；以曾任建宁府太守而迁居括苍丽邑（丽水）仁溪的任月为仁溪一世祖；第六世任道成迁沐溪；

第十一世任纪于明永乐年间迁来定居,是为高演一世祖。从任纪至第六世,高演人丁兴旺发展出四房。① 从此,家族和四个房族就成为联系本村任姓的亲缘纽带。按照高演任氏宗谱与村民的说法,从任纪公开基至今已传至二十二世。近年来,高演任氏宗族的活动呈现出复兴的态势。综合宗谱与口述史资料,我们对任氏宗族的了解情况如下。

(一) 两光四房

据任氏族谱卷内《录续内纪始迁祖纪公亲稿自志》和当地民间传说,约在唐宋间,原本有何、夏二姓迁来这一背倚高山的高坡沼泽边缘开基,于原始榛莽中垦荒定居,到元代村落已颇具规模。高演村的开基祖任纪的身世颇为坎坷,他起初并不居住在这里。任纪始居于浙江沐溪,其父名任昌,曾任南京典史,后归故里,与嫡妻共育有三子。嫡妻亡后再娶何氏,明永乐十一年(1413)二月诞下任纪。次年任昌不幸去世。任纪9岁时兄弟分家,明永乐十九年(1421),何氏为将幼子抚养长大,带着年甫9岁的任纪从沐溪西村(今景宁县城鹤溪镇叶府前)迁回高演下村母家何氏族中居住。任纪幼年在高演下村依舅家牧牛为生,后在逐渐干涸的上湖(沼泽)搭寮垦田,至第五代人丁始兴旺,第七代在上湖盆地开渠排水,兴建了高演村落和水口的"三桥环胜"景观。在此期间,夏、何两姓先后离开,任姓就在这里生根发达,成为本县深山中的望族,至今已有600年历史。②

任纪成人后娶妻郑氏,诞下二子一女:长名绍何,后称光一公;次名绍显,后称光二公。综合宗谱上的种种记录来看,在乾隆之前,光一公与光二公两支在高演村中可能有"天地两房"之说。据《演

---

① 《世系图》,《景宁高演任氏宗谱》,道光十六年重修。
② 《录续内纪始迁祖纪公亲稿自志》,《景宁高演任氏宗谱》,道光十六年重修。

峰任氏宗祀记》载,五世祖元祯公(1541—1592)曾在村东创家庙一所,但日久年深,早已破败。至乾隆年间,光一公支下大受、大钦、大文三兄弟,将光一公派下基址一处捐出,两支约定共出祭祖以创祠堂,至乾隆三十二年(1767)祠堂落成。由于当时光二公支下人少财困,所捐钱数只占总数的四分之一,光一公支下捐出四分之三,故于祠堂落成当年定下宗族组织规矩:光一公支下分作三房,光二公支下只算一房,四房轮值,耕种族田并应承每年春秋祭典,"日后光二公房子孙不得执天地两房所分之派"。① 此后,光一公支下称大房、二房、三房,而光二公支下则称长房。至于光一公支下的三房,各以海六公、海十二公和海十六公为祖。三人实为亲兄弟,同出于七世敬英公门下,分别名为任世尹、任世浩、任世旭。这一家族世系至今仍在高演任氏深入人心,几乎每个人对自己属于哪支哪房谙熟于心。不过,就我们调查的情况来看,今天在高演村,主要是光一公支下大房与光二公支下长房人数最多,尤其是大房,而自1949年以后,光二公支下长房也在增长。与此相比,光一公支下的二房、三房则人数甚少。

宗谱中《家法十六则》中提及"主祭务须血气贯通,庶免非其鬼而祭之",所谓"非其鬼而祭之",语出《论语》,《家法十六则》将其理解为:不是自己的嫡系祖先,即为"非其鬼"。主祭者血气贯通,方可以抵挡"非其鬼而祭之"所带来的隐忧乃至灾祸。也就是说,在高演任氏族人心目中,他们虽然同属一个家族,但并不是同一个嫡系祖先的子孙,因此我们不应当以人类学意义上的亲属制度来理解"两光四房"。这种观念在高演村的通婚关系中也有所反映。虽然同为一姓,但高演村内部并不禁止通婚,乾隆年间的任氏族长任圣纲

---

① 任圣灿:《演峰任氏宗祀记》,清乾隆三十六年(1771),《景宁高演任氏宗谱》,道光十六年重修。

娶的就是族叔任大钦的女儿，高演甚至流传有"高演米老婆，有进无出"的说法，说的就是高演村的女孩子没有嫁出去的，在村里择人出嫁。对此，当地人的解释是因为高演村在 90 年代以前相对封闭，经济也相对宽裕，故而女孩子都不愿远嫁。当然，这种说法并未在宗谱中得到证实，远嫁他乡的女子大有人在，嫁在本村的女子也不是没有。但这种说法流传甚广，从中可以看出高演村人虽同属一个宗族，却也区分远近亲疏。

（二）族长、东西两献与行礼

任姓宗族的维持和管理交由一位族长统摄全局。族长依照严格条件推举产生，对此，宗谱里有详细的规定。据道光丙申年重修《景宁高演任氏宗谱》卷首《家法十六则》第一条规定："族长为一族之尊，嗣矜式不可执一齿而论，议定齿爵兼优、奕叶繁昌者主之。"可见，族长作为一族之尊，不但要年龄大，而且要辈分高，同时有一定的社会声望和地位，即"齿爵兼优"；族长人选还必须家门兴旺、子孙众多，即"奕叶繁昌"。这一规定在高演严格执行，"这个族长是要有条件的。一是年龄、还有要有子孙，只有儿子没有孙子是不能的，要有子孙的，有四代更好……他自己是读书人"。[1] 族长权威的标志是领取祭祖胙肉中的羊头。每年"散祠堂"祭祖时，胙肉会在与祭者中分掉，唯有羊头留给族长一人提走。

族长执掌管理宗族事务的权力，包括春秋两季祠堂祭祖、调解纠纷、维持道德风化、封山封林、修路修桥、栽树等各类公共事务。以封山封林为例，封山期间不允许上山砍柴、烧土木灰等破坏公共林木等行为，如有发生必须杀猪请全村人吃，并且栽种新树，以儆效尤。[2] 族长如无过失，则终身担任，但同时必须处于"义聚会"的监督之

---

[1] 被访谈人：任一文。访谈人：朱霞、王宇琛。访谈时间：2016 年 9 月 18 日。
[2] 被访谈人：任周杰。访谈人：朱霞、王宇琛。访谈时间：2016 年 9 月 19 日。

下。如果义聚会内有人发现族长德行有失，会开序伦堂进行弹劾，正反双方论辩，一旦弹劾成功，族长必须辞去这一职位，这叫"提走羊头""端掉羊头"。①

族长之下有东西两献，其中又以东献为尊。如果族长去世或遭到弹劾下台，则由东献递补为族长。在祠堂祭祀仪式中，东献西献分别站在族长的左侧和右侧。仪式结束后的聚餐中，东西献同族长共坐一桌。《家法十六则》中记，东西两献之职，最好分别由一位耕者和一位读书人来担任，也必须是辈分高、有德行，且子孙繁昌者，"而耕者亦须旌耆顶服荣身者主之"。

除族长与东西献之外，宗族中还有"行礼"一职，他的主要职责是在祭祀之日负责执事，要求必须是读书人，礼仪娴熟，年纪偏长、子孙满堂。

高演祠堂设定的族规条目繁多。如有鼓励读书的，"诗礼传家，书香继世，有子者须勉力延师就学"；有维护家族礼法身份的，"道义自重，气节相尚，子弟虽贫，农工糊口，不许允当胥役隶卒"，"男女婚适，择名门旧族，不得妄与微贱仆隶及匪类之家为姻，违者斥之"；有规范家庭伦常的，"以孝友为家法，子孙如有不孝不悌，凌辱父兄者，准其鸣祠，由族长禀告先灵，严责以惩"，"礼法自守，制行端方，有不顾伦序不整家规，以至败常乱俗，玷辱门风者，斥出勿录其系"；有保护公田公产的，"先人设祭田以供祭，有不肖子孙盗卖盗佃祭田，察出除勒还外，倍罚惩后，盗卖族众山场亦如此"等，此不一一列举。

（三）房长与家户

"房"首先是一种亲属制度，一房之内共同拥有一位嫡系祖先，房内子孙都有较近的血缘关系。房作为亲属制度的特性明确体现在清

---

① 被访谈人：任启财。访谈人：朱霞、王宇琛、关静。访谈时间：2016 年 9 月 19 日。

明墓祭上。与祠祭不同,墓祭祭扫的对象必须是具有血缘关系的嫡系祖先,高演墓祭一般为各房子孙到自己所属房派祖先的墓地进行祭祀。房还是一种管理制度。任氏四房中,每房都有房长总领①。房长是每房内享有一定声誉和号召力的人物,族长往往要借助房长的力量确保事务的执行,而房长也能对全族事务有一定的发言权甚至支配权。房长的主要职能是本房房祭田的管理、祭租分配与清明祭坟,同时房长有资格与东、西两献一起组成"义聚会",行使监督族长的职责,甚至可以弹劾族长。另外,光一公支下三个房的房长有一项特殊职能,就是管理孝诚宫与马仙行宫,同时也单领一份报酬。事实上,由于二房、三房后继乏人,孝诚宫与马仙行宫的管理之职长期由大房房长担任,以至于村民记忆中,大房房长就是应该管理这两处庙宇的人。

在高演,家户的外在标志是传统民居,这也正是当前中国传统村落所极力要保护的景观。在理想状态下,这种居于一栋房屋之内的"家户"就应该是一个家庭,它构成高演乡村社会的基本单位。传统民居通常坐北朝南,因为村民认为,高演村的水口(即环胜桥所在地)在村北,所以房屋大门不能朝北,以免风水流走。同时也不能朝向东西,这样会被认为"不正"。在这样的总体思想下,高演村的民居排列呈鱼鳞状,远观俯视非常整齐。家户民居为木结构,通常为二层楼房,上下一般各五间,在平面结构上从一进院落到三进不等。在兴建之初,一座院落为同一个家庭使用,但随着不断分家,同一院落内也会住若干家庭。

---

① 每房的房长究竟有几位?由于年代久远,口述史已无法对此作出回答,但从族谱来看,房长很可能不止一位。据道光十六年《景宁高演任氏宗谱·重修跋》中引嘉庆二十一年(1816)《约附》一则,是年春祭时,各房房长齐聚祠堂,公议坟地归公、不许私篡,并全部签字画押。其中,包括当年族长炳熠,署名房长共有必兴、必昌、必科、作仲等16人。也许随着任氏家族的扩大,每一房内也出现了类似于族长、东西两献和行礼的分化,因此四房才会出现16位房长。

以上是高演历史上曾经存在过的宗族组织。新中国成立后，国家政权深入基层社会，村民服从于公社和大队的管理，宗族对族众的影响力甚微。改革开放以后，尤其是在2013年，在任启年的组织与号召下，高演任氏恢复了祭祖活动。2016年，村里第一任太公任纪的墓修缮完毕，几百村民陆续从各地赶回来参加大规模的祭祖活动，并且捐款修家谱和修孝诚宫，每人捐款从一两千到三五千不等，高演任氏宗族的影响力又开始重新显现。

二　现代村落社区组织及职能

同中国所有村庄一样，1984年高演村进行了基层组织改革，将人民公社与生产队制度改为目前所实施的村民委员会制度，这是一个由国家主导的乡村自治结构模式，其治理结构可以被归纳为"乡政村治"。20世纪80年代以来，高演的组织管理主要依靠"两套班子"，也就是村党支部和村民委员会，其成员包括1名党支部书记、1名副书记、3名支部委员，1名村委会主任、1名副主任、3名村委会委员，另有一般干部包括妇女主任、计划生育员、村委会计、报账员、护林员各1名。在发展林场经济的过程中，高演的两代领导班子起到了引领作用。"畲乡建设十大标兵"林场场长任世根和老支书任传浩，后任支书任和忠与村委主任任振芝等人带领村民负责全村整体经济开发、基础建设及利益分配。2020年开始，高演村换届户籍人数在1000人以下，党支部、村民委员会人员从各5人精简到各3人，实行书记主任一肩挑，任林君当选为村党支书部书记和村委主任。一般干部也有所精简（见表2-1）。在村两委的带领下，高演以药材林为拳头产品，致力于开发古村旅游业和康养业。

表 2-1　　　　　　　2020 年高演村的管理架构

支部委员			村委会			一般干部			
书记	副书记	委员	村委主任	副主任	委员	妇女主任	报账员	网格员	护林员

自 1984 年成立后，村委会作为高演村公共事业管理的核心组织，不仅要抓政策、抓生产，过去还几乎承担了所有修路、修桥、修凉亭、改水道等工程。此外还有 7 个生产小组组长（见表 2-2）、二十几位村民代表。凡村中大事均由村民代表集体商议决定。

表 2-2　　　　　　2020 年时高演 11 个生产小组的负责人

1组	2组	3组	4组	5组	6组	7组	坑底垟	下庄	吴太山	吴太山
任兴丰	任立元	任周力	任周才	任金平	任周文	任传炎	朱助长	蓝深和	任启明	任启仁

20 世纪 80 年代至 21 世纪初，村委会自成立以来所承担的村中大事具体如下。

开公路：为解决交通运输、修建公路是高演村头等大事。1985 年高演村委申报"以工代赈"项目，以粮食折价 18 万元立项，修建梧桐至高演 12.7 公里公路[①]，沿途东源、王山头共 3 个村的村干部带领，发动村民投工投劳。由于资金不足，工程进展受到影响，这一情况引起县、乡领导重视，县委书记陈铁雄和梧桐乡领导，前后两次向省里要来补助各 40 万元，公路于 1995 年 5 月正式通车，并且逐步由砂子路改为柏油路。2015 年，县公路管理局负责筹款 410 万元，将公路修建为现在的标准村道等级公路，改善了高演村的交通条件。

修改河道：修改河道是与修路同等重要的大事。20 世纪末，恰

---

① 被访谈人：任振芝。访谈人：朱霞、关静。访谈时间：2016 年 9 月 18 日下午。

逢国家发布相关政策，村中负责人主动向上级申请到国家农村整治经费30万元并带领村民将庵堂旁边、环胜桥下方的水沟水道浇筑为水泥水道并拓宽河道。修改河道的组织方式同样是村中出资，村民自愿出工，村委会对改造河道占用的田与山给予了部分补偿。此后国家政策落实下来，河道工程不断扩大，并结合交通与水利两方面重新作了设计。2015年，高演全长30里的河道改造工程基本完工。目前河道分段有专人看护负责。

引导生产：村委会负责抓村中生产，每月开一至两次广播会议，总结经验，分配任务。村委会不仅要负责品种、肥料等的筛选，还会带领村民开发新品种。"我们以前带着农民搞蔬菜，搞金银花，种辣椒种豆，造林造树。"[1] 在村委会抓生产的基础上，高演培育了厚朴林基地，共8000多亩。开始时厚朴林经济效益相当可观，年收入从2.5万—15万余元不等。厚朴林的经济效益催生了专职护林工作，村委的3个委员中专门设有1个委员负责护林工作，其主要工作内容是防止外人来偷偷砍伐林木。后这项工作被承包出去。

低保问题。村委会负责落实低保政策，确保真正需要的人能够得到帮助。低保认定程序严格，先是统计名单并上报，等市里审查通过之后公示，并留有监督电话。若出现情况不属实者依规定进行处理。高演村低保户共39户，是指家中成员有患重病者，也包括少部分的鳏寡孤独。低保分为3个等次：最低为150元/月，最高为392元/月。村委会认为，全村互帮互助的良好作风有助于当地道德秩序的建设，村中如有人家发生变故，村委会亦会组织村民给予帮助。

整修小学。为给学生提供更安全、舒适的学习环境，高演在任氏

---

[1] 被访谈人：任启兰。访谈人：朱霞、王宇琛、关静。访谈时间：2016年9月17日下午。

祠堂原址修建小学。在乡村小学完全实现义务教育之前，村委会承担了高演村小学硬件设施的修缮工作。20世纪初执行撤点并校政策后，高演村小学关闭。

此外，调解山林、田地、水的纠纷、垃圾处理等问题同样属于村委会负责。

三 村落文化名人（乡贤）与民间权威

高演村有着丰富的文化底蕴积累，历代乡贤层出不穷，更有流传于浙、闽、赣三省的机智人物瞳囡先生。1930年重修《高演任氏家谱》之《任族科名录》有严用光在光绪年间所作序言称："追溯国朝二百年来入泮宫登贡籍者百数十人，济济彬彬亦云盛矣。"①

图2-1 高演祖先画像

① 《任族科名录》，《高演任氏家谱》，1930年重修。

（一）第七世任敬英

据高演村民传说，七世祖敬英公帮助皇帝解决了运粮问题，获赠大量财富，于是他回到高演村，筑屋造田、修路建桥。村民们至今流传，是七世祖敬英公根据堪舆家言规划村落街巷和民居朝向，在水口修建风水桥，奠定了整个高演村的基本格局。数百年来高演老屋拆建、新屋添造都遵循了敬英公的规划，俱坐壬出癸水，村容优美，屋舍俨然。关于敬英公如何筹谋村落空间格局，又有传说，福建凤凰山的阴阳先生堪舆山脉从福建跟踪至高演上湖，演算出竹园下地界盖房能出大官，但需建造"钟楼"方可应验，七世祖依风水先生的意见，在离竹园下100米处挖地建造钟楼。然而此地龙脉生威，白天挖下，晚上又复合，他采取风水先生之计杀白狗祭之，狗血滴处，山忽裂开，飞出两只未开眼的凤凰，歇于湖后山顶，此山因名飞凤山。

从文献中看，任敬英最重要的身份是高演村大三房任世尹、任世浩、任世旭的共同祖先，他确定了高演家族制度的基本原则，留下来的照祭田构成了高演村祭田的主体部分。在高演村民看来，敬英公确定的原则带有某种神圣性，"他是太公，也是比较会的人。（高演村的制度）都是他讲出来的事"①。可以说，敬英公是高演村村落神话中的"文化英雄"。

高演任氏宗谱中也记载了敬英公的事迹，家谱《世系图》中载：任敬英，字国俊，行晏六，万历乙酉年（1585）二月三十日出生，顺治三年（1646）十月初四日终。光绪《任族科名录》记载他获得了乡宾的科名。《敬英公传》中，提及时人传闻，因为敬英公磊落英多，所以得兆锡嘉名，但他"薄身名而不居，甘退守于闾里"，似乎曾出仕任职，惜文中语焉不详，我们也难以得知所谓"上为俊伟不凡

---

① 被访谈人：任传贵。访谈人：鞠熙、王辉。访谈时间：2016年9月18日。

之器，爰兆锡嘉名"中的"上"，究竟是指何人。《敬英公传》中接下来提到，自明初任纪开宗以后，高演任氏也曾瓜瓞绵绵，但到了任敬英一代，已经后继乏人、形单影只，宗族一度有难以为继之患。任敬英于是"善种心田、广积福基，孝亲顺长"。邻居如果有无法缴纳赋税的，敬英公每年都代为缴纳。如果遇到灾年或过节，族人缺少粮食时，不等族人请求，他就主动开仓借给谷物，如果及时归还，则不收利息，如果借贷者是孤儿寡母，即使不还也一再施舍。久而久之，敬英公在村中积累起很高的声望，村里若有诉讼争端，只要任敬英出言相劝，都钦佩叹服。因为他乐善好施、广济众人，村民甚至称他为"国俊佛"。当时景宁县的蒋县主为嘉其行、羡其德，旌表他为"乐善垂芳"。《敬英公传》中还写道：任敬英三子"俱有大雅风度"，其长孙名日成，已经名扬黉序，其他孙子们十余人，也已初露头角。①

需要特别说明的是，这篇《敬英公传》据称为江右周瑞创作于清顺治三年（1646）十月，即任敬英去世当时，但事实上，任敬英的长孙任日成出生于崇祯十四年（1641），至顺治三年时不过5岁。而任敬英的绝大多数孙子，如日亨、日旸、日寅、日长、日新，此时均未出生，已出生的孙子不过一二人而已。因此，这篇《敬英公传》中所述任敬英事迹，毋宁说是传闻的成分大过于史实。综合至今仍在高演流传的任敬英"运粮官"传说，我们推测也许自清前期高演就流传有任敬英的种种事迹，包括他少年时在外建功立业，得到皇帝嘉赏，后回乡耕读传家等，而《敬英公传》的作者也隐晦地采信了这一传说。

相比这篇传说成分多于史实记录的《敬英公传》，他的四世孙任圣纲所做《敬英公赞》更清楚地反映出高演任氏后人对这位祖先的看法。《敬英公赞》中强调了两点：一是敬英公本人的优秀品格，乃

---

① 周瑞：《敬英公传》，《景宁高演任氏宗谱》，道光十六年重修。

一"福善人也";二是敬英公真正开启了血缘家族的世系,他"缵祖考之礼,乐启后昆之冠裳","今奉祀之多士,谁非公之孙行"。① 事实上我们知道,任敬英只是光一公支下大三房的祖先,"两光四房"中光二公支下任姓一支,与敬英公之间的血缘联系已经很远,早已超出五服范畴之外,不能算作他的"孙行"。任圣纲所说"今奉祀之多士,谁非公之孙行"一句,从侧面反映出当时光二公支下长房在高演村中处于弱势——任圣纲甚至有意无意忽略了他们的存在。再回头来考虑《敬英公赞》中强调的两点内容,可以看出,任氏家谱中几乎所有的祖先,都具有"福善人"的品格,家谱中所记录的敬英公,尤其是这样一种"典型人格"的完美体现,因此我们更应当将之视为一种习惯性写法。相形之下,他最重要的身份恰恰是《敬英公赞》中强调的第二点:他作为族众共同的祖先,能维系强势血缘群体的认同。

综合《敬英公传》的创作时间、《敬英公赞》中对其祖先身份的强调,我们有理由认为,敬英公这个人物形象,包括高演任氏对他的崇拜祭祀,很可能是伴随着高演宗族组织的逐步完善而不断生成出来的,是一个象征了高演宗族系统的代表性符号。

(二)第十世任大受

任大受字泽宏,号陶庵,是日旸公的长子,也就是大房先祖任世尹的孙子。任大受出生于康熙二十六年(1687),去世于乾隆三十一年(1766)七月。如果说任敬英是高演宗族制度的开创者,那么正是在任大受担任族长的时期,高演村开始出现了"两光四房"宗族结构的雏形,而这一结构在任大受之长子任圣德任族长期间最后确定下来。任大受与他的父亲任日旸不同,从家谱记载来看,《时泰公行

---

① 任圣纲:《敬英公赞》,《景宁高演任氏宗谱》,道光十六年重修。

状》中曾提到,任大受的爷爷任世尹在家中创造书室教化孙辈①。据此推测,任日旸已经接受过一定的儒学教育,但并未考入县学正式成为生员,而任大受却是庠生,迎娶了也是山东济南府临邑县知县包景星次子、廪膳生包中熹的女儿。任世尹去世时,姻亲包景星亲自为任世尹作传立书,盛赞任世尹三子"俱绍先德",足见任大受在盛年时,其家庭的影响力已不局限于高演,在景宁县内也享有一定声誉地位。《大受公赞》一文,其中说任大受"性之急如危峰坠石,言之直如峭涧倾泉。去祸于杪,忽知福于未萌,见变事则达其机遇,经世则守其常,无懈惰,体无柔,僻行威而不慑,困而能亨"②。从"困而能亨"一句中,我们大致能猜测,任大受可能是日旸公系乃至高演任氏获取外界资源并进入主流社会的关键人物。或者说,就是自任大受开始,大房子孙开始进入读书人的阶层,而任大受本人也为日旸公一系在日后高演的地位打下了基础。

除了《大受公赞》之外,家谱中其他一些片言只语也提及任大受的生平事迹,主要包括以下两件:

初创祠堂。高演任氏原仅在村东有家庙一所,未有祠堂。其祠堂始建于乾隆九年(1744)。当年,任大受得到族叔任日新(三房先祖任世旭之子)资助,与任日新之子任大钦、任大文等合力,将光一公派下祭田基址一所捐出,创建祠堂。③ 后来,任大受的小儿子任圣纲娶了任大钦的女儿,从任圣纲的生平介绍中,我们得知,事实上任大钦并不住在高演村,而是住在40里外的大漈,因此可以说,虽然任大钦等人对于高演祠堂的兴建有所助益,但最主要的首事者应该还是任大受。

---

① 包景星:《时泰公行状》,清康熙六年(1667),《景宁高演任氏宗谱》,道光十六年重修。包景星,任世尹的姻眷弟,时任山东济南临邑县知县。
② 潘宗簸:《大受公赞》,《景宁高演任氏宗谱》,道光十六年重修。
③ 任圣灿:《演峰任氏宗祀记》,清乾隆三十六年(1771),《景宁高演任氏宗谱》,道光十六年重修。

夺回山场。任大受生活期间，正是清初战乱甫定，社会逐渐趋于安定的时期，在战乱动荡中，高演任氏山场四散零落，多为外人所占。任圣德回忆任大受生前对他说，"我生值衰极盛复之秋，遐迩奸猾百出，乘机侵山占坟，累朕三十余载，方获平稳"①。在族叔任日新的帮助下，任大受四处鸣官结告，将山场产权一一收回，归任氏所有，并立下山场归公的土地制度。②

（三）第十一世任圣德

任圣德是任氏第十一世"圣"字辈，任大受之长子，生于康熙戊子年（1708）七月初十，卒于乾隆丁酉年（1777）四月十三日。其眷侄吴书升为他所作《圣德公赞》中说他："忍耐处境，谦退保身，安详应事，涵容待人，不谄豪富，不凌穷贫。"在他担任族长期间"箴规正道，维持彝伦"，因此高演村"邪陂自息，奸慝不伸，争论耿耿，锐气阒阒"。③ 这是对任圣德的一个总体评价，与"传赞"中的其他篇章相比似乎并没有独特之处。但综合家谱中所记载的各类资料来看，任圣德是高演任氏发展史上的关键人物之一，正是在他担任族长的时期，高演的宗族制度完全确定下来，今天我们所说的"传统村落"景观也基本形成于这一时期。

任圣德身为长子长孙，从小便多有分担耕种家业，迟迟未曾入学。他少时即有智勇。13岁那年，有贼党百余人乘夜剽掠其家，"矢石雨集盈庭"，时当深夜，任圣德赤身冲入家中，抱出二伯父奔逃，又以计退贼，将祖父母安顿在楼寝之中以避患，其智胆过人，当时已见端倪。直至十八岁，任圣德才受业于景宁县城中潘时圣先生，第二

---

① 任圣德：《任氏重修家乘朴庵自述序》，清乾隆三十六年（1771），《景宁高演任氏宗谱》，道光十六年重修。
② 《日新公行实》，《景宁高演任氏宗谱》，道光十六年重修。
③ 吴书升：《圣德公赞》，《景宁高演任氏宗谱》，道光十六年重修。

年就在生员入学考试中取得冠案,补博士弟子员,邑侯陈诚将其招入署内读书,意在中举。但任圣德考虑到父亲独力支撑家业,家中两个弟弟年纪还小,于是弃学从商,常年跋涉,足迹曾至于沙漠,短短数年间就已积攒大量财富。雍正十二年(1734)春,任圣德之父任大受患疸,任圣德曾短暂回乡照顾父亲,月余父亲痊愈后,他又回东瓯(在今温州)继续经商。一日,他在夜里梦见母亲涉坎,于是从福建芝田(今福州附近)飞奔回乡,母亲果然卧病在床,后不幸去世。任圣德自此以后无心经商,转而专心以课读为事。① 他在高演任氏的功绩包括如下一些:

确定祠堂祭祀制度。任大受初建祠堂后,祠堂的堂宇狭小,未足供奉,"庙貌时祭不辍,但随俗迁移,未立成规"②,且当时已经"囊底一罄",难以为继。③ 乾隆三十一年(1766),任圣德任族长期间,继承父亲遗志,提议将历年祠堂祭租拿出重建祠堂,众人响应,次年工成,从此定下四房轮值的祭祀规矩。④

首修家谱。据任圣德自己说,修家谱是他父亲一直以来的心愿。任圣德之父任大受创下祠堂基址后,虽有修宗谱之心,条件却尚不具备。清初社会动荡,这种状况持续了30余年后才日趋平稳,在此期间高演村获得了一定程度的发展,族众生活日益富足。于是任氏合族商议,各处山租之银不许竞相侵蚀,而必须贮积以供修祠堂、宗谱之用。在历年轮值期间,任圣德与其族弟任大行等人出祭田租金,四处搜集残言片语、寻访故旧耆老。乾隆三十五年(1770),任圣德已逾

---

① 任应魁:《朴庵公行状》,清乾隆三十六年(1771),《景宁高演任氏宗谱》,道光十六年重修。
② 《春秋祭祠仪注》,《景宁高演任氏宗谱》,道光十六年重修。
③ 任圣德:《任氏重修家乘朴庵自述序》,清乾隆三十六年(1771),《景宁高演任氏宗谱》,道光十六年重修。
④ 任圣灿:《演峰任氏宗祀记》,清乾隆三十六年(1771),《景宁高演任氏宗谱》,道光十六年重修。

花甲，宗族积蓄已有一些，于是任圣德首倡修谱，他与任大行任总理监修。至乾隆三十六年（1771），族谱初修完成。①

（四）第十一世任圣纲

任圣纲是任圣德的三弟，字作常，号竹轩，出生于雍正九年（1731）五月，逝世于嘉庆六年（1801）六月，妻子是住在大漈的同族任大钦之女。任圣纲与长兄任圣德、次兄任圣灿并称三槐。《圣纲公赞》中说他"貌温而厉，性柔而刚"，孝顺父母、友爱兄弟，"长事二人以至孝，种三槐而联芳"。②作为三兄弟之中的幼子，父亲任大受与兄长任圣德二人未竟的事业都是由他最终完成的。

完成修谱。任圣德去世后，任圣纲似乎继任了族长之位。任圣德修宗谱事业未竟便离世，数年后，任圣纲继续修谱，除担任执事外还亲自作传、赞多文，并最终将宗谱修订完成。除此之外，任圣纲还是重修孝诚宫的首事者与首要出资人。

收回山场。除了继续修谱之外，任圣纲也继承父亲任大受的事业，继续奔走鸣官，收回高演山场。任氏曾有独山山场一处，以溪水为界，与官山相邻。乾隆二十七年（1762），沈维武向县令请求照管官山，同时将任氏山场的一部分混开至内。乾隆三十五年（1770），沈维武照管官山已经多年，于是擅自在任氏山场内砍伐了四株松木。任圣纲携带地契书写状纸，到县中上诉。此时县令已换成胡世佑，他认为沈维武所砍伐松木的树围在三四尺不等，而他照管官山才不过八年，不可能长出如此大的松树，于是判沈维武有罪，罚他赔付松木木价之外，也将独山溪水西南的山场还给了任氏。③

---

① 任圣德：《任氏重修家乘朴庵自述序》，清乾隆三十六年（1771），《景宁高演任氏宗谱》，道光十六年重修。
② 朱承智：《圣纲公赞》，《景宁高演任氏宗谱》，道光十六年重修。
③ 《豫章》，《景宁高演任氏宗谱》，道光十六年重修。

(五) 第十二世任制鎦

任制鎦是任圣德的次子,字炳熠,号淡菊,生于乾隆四年(1739),逝于道光二年(1822),他是高演村中最有传奇色彩的人物。

传说他的哥哥任制铠曾中状元,却因意外而英年早逝。任制鎦本人品德优秀,高演任氏子孙对他的认可度很高,至今人们以任制鎦为高演村进士的代表,将各种事迹归于他的名下。

任制鎦年少时志笃诗书,幼年即入学,弱冠时已为廪生。长兄任制铠常年抱病,任制鎦始终精心照拂,不仅将自己的长子过继给了长兄,在任制铠去世后还始终抚养他留下的寡嫂幼女。与任制鎦联姻的妻子吴氏,出自卢溪望族、鹤水名门,其下子女幼时在家中私塾接受教育,长大后全部升入县学为庠生。可以说,经过任大受到任制鎦三代人的努力,高演任氏家族终于在整个景宁地区立稳脚跟,成为当地的望族。而与其父叔相比,任制鎦盛年时高演的村落秩序已经定型,他任族长期间的主要工作是守成,继续完成任圣纲的事业,并进一步制定了关于山林使用的规则。包括如下三项。

绘图谱,定山场四至边界。在任圣纲续修完成宗谱的过程中,任制鎦因擅长图绘,于是肩负重任,不辞辛苦,将高演任氏族中所有山场、坟地、河流、形貌一一绘制成图,并为各图制序作文。① 这是高演村的空间布局与四至边界第一次得到清晰认定,本报告所使用的高演村图,也正是来自任制鎦所绘。

保护山林所有权。乾隆三十五年任圣纲与沈维武一案后,独山林场于嘉庆二十三年(1818)再起争端。是年,沈廷表私自盗伐任姓西南林场上的樟木,任制鎦再次将沈氏诉诸公堂,县令判沈廷表赔偿

---

① 任圣纲:《图引》,《景宁高演任氏宗谱》,道光十六年重修。

木价银 12 两。①

立约禁止养篆。嘉庆二十一年（1816），因任氏众人私自在山场中划定区域，养篆木植，以之为日后坟墓风水灵润。任制鎺深恐养篆成材，必启争端，于是趁春祭日集合众房房长，立约禁止养篆，所有山林树木一律归祠堂集体所有。②

在任制鎺盛年的嘉庆道光时期，高演任氏的声望达到了顶点。任制鎺84岁生日时，景宁县知县荣锡鹏亲自为他作寿序文，称他"才地通明，卓尔乐安，华胄门风，清绮岿然，括郡名宗，溯厥渊源"。③而自任大受，到任圣德、任圣纲，最后到任制鎺为宗族作出的贡献，也逐步奠定了日旸公一系在大房之内的位置。任圣德—任制鎺一系子孙中，仅据家谱中对历次重修或议事事件的记载统计，在任制鎺去世后直到1950年的128年间，他的子孙中担任族长一职的还有任懋（1765—1845）与任国瑚（1802—1881）。任制鎺的四代孙任家熙曾任东献，新中国成立后未被继立族长。至于任圣纲的子孙中，有任殿资曾出任光绪年间房长、任佐钊是1950年以前的最后一任族长。当然，日成公一系也屡有在族中担任要职者，例如任谦，光绪年间大房房长任履平等。

（六）当代乡贤任启年

任启年1937年生人，为任家熙之孙，原县粮食局局长，景宁县人大常委会副主任。他从人大常委会退休后，曾任景宁经济社会发展研究会会长等职。任启年有较为丰富的政府工作经验，对国家政策也比较了解，退休返乡后，一心致力于家乡发展，试图在传统与现代之间为高演村的发展找出一条适合的道路。

---

① 《堂谕》，《景宁高演任氏宗谱》，道光十六年重修。
② 《又重修跋》，《景宁高演任氏宗谱》，道光十六年重修。
③ 荣锡鹏：《制鎺公寿序》，《景宁高演任氏宗谱》，道光十六年重修。

2014年11月，任启年会同在省人大常委会财经委任职的乡贤任晓俐协助故乡高演申报第三批"中国传统村落名录"成功。在此基础上，2016年4月高演被确定为省级历史文化村落重点保护村。2014年12月，为立项修建大际至高演的连网公路，任启年陪同公路设计人员在山间步行30华里，勘察公路线路。此外，村中大事诸如古村落保护排污修理、消防池建设、文化礼堂修复、文化礼堂配备灯光设备等都离不开任启年从中决策与协调，他在高演与景宁之间奔波，来回高演已有160余趟。

2012年6月，任启年牵头发起梧桐籍"外出乡贤常回家看看"活动，筹建"梧桐乡崇学向善奖励基金"用于奖励梧桐乡籍的各级各类学校品学兼优的学生和好媳妇、好村民、90岁以上的老寿星。他亲任理事长，带头捐款10000元作为崇学向善基金的启动资金，并组织理事会成员向梧桐籍同仁、社会爱心人士募集资金。崇学向善奖励基金设立了"崇学奖"和"向善奖"两个奖项。"崇学奖"奖励景宁县梧桐籍品学

图2-2 新乡贤任启年获评全国离退休干部先进个人照片

兼优的学生，凡高考分数进入第一批文理科分数线并被录取者，奖励5000元；进入第二批或体艺类第一批分数线并被录取者，奖励2000元；进入高职单考分数线和直升高职院校并被录取者，奖500元；小学与初中阶段也设立了奖项。"向善奖"根据事迹的感人程度、社会影响等情况进行评审，奖励尚义守信、热心公益、助人为乐、见义勇

为以及孝亲敬老的好儿子、好媳妇等具有中华传统美德的梧桐籍人员。此外，基金会还面向 90 周岁以上的老寿星，每人每年发放慰问金 500 元。

近年来，任启年推动高演不断调整发展战略，希冀实现从农业向旅游等多产业并举转型。任启年的努力得到村民的认可与政府的表彰。景宁县梧桐乡党委、政府授予他"崇学向善爱心大使"称号。2015 年，任启年当选为"浙江好人"，2019 年被评为"丽水市第六届道德模范"，中共中央组织部授予任启年"全国离退休干部先进个人"称号。

四　村落社会的建设与社会活动

经济活动解决的是生存问题，社会活动满足人的交往需求。在过去，高演与外界交流的机会有限，村民们自发发展出多种形式的社会组织，为全村提供各类公共服务。到了当代，高演与外部社会日益融合，人们的生活方式更为多样，人员流动性增强，村里的社会组织和社会活动都有所减少。尽管如此，留在村里的人们仍然形成了一些娱乐性较强的社会组织。

（一）传统的社会组织

旧时，乡村社会志同道合者之间自我组织起来，提供区域性的信仰、娱乐、商贸等方面的公共服务。高演村的社会组织名目繁多，据说有几十种，这些村民组织以各种"会"的名义维系，各有一定的田租、山租供给费用。会在高演还形成了一种"以会为市"的村落文化模式。由于地处深山，该村距最近的水路埠头标溪港还有 5 公里崎岖山路，每逢岁时节令举办盛会活动可以吸引小商贩前来销售各种生活必需品，村民也可借此与外界交换信息。事隔 50 多年，现已 70

多岁的老人回忆过去,"凡有较大的事,都有一个会来办的"。高演的会有下列几种。

1. 吹班会

当地有民间传说,高演村名的由来与戏曲演出有关,"高演,高演,在高高的山冈上,搭就一个戏台,开锣演戏三天三夜"。这个传说反映了当地人对戏曲表演的热爱。高演古即有吹班会,吹班也叫"唱班",其成员由村中习丝竹管弦者组成,大概四五个人,最多不过六七个人,他们每月聚会一次,有会田供开销。村里举办迎神赛会时,吹班会紧跟神驾,负责奏乐。

我们在田野调查中访谈到村民任传贵,他是当代吹班会的头。他说:"吹班会到我们这一代没有田资助,以前可能有,我们这一代'吹班会'这个名目是没有的,但这个集体是有的。那时候叫唱班,没有会。"[1] 所谓没有"会"的意思,不是说没有组织,而是说它没有专门的经费来源。任传贵说,村人演奏吹乐鼓乐都是自学,小时候村里婚丧活动多,久而久之就学会了,并没有经过正式拜师。80年代,村里举办迎神会,正是唱班大显身手的时候。任传贵还经常跟着木偶剧团一起演出,为木偶戏伴奏。现在他家里有个专门的小房间,墙上挂着二胡、唢呐等乐器,音乐已经成为他生活的一部分。

总的来说,吹班会的活动大约有以下三类。第一,迎神时以鼓乐伴奏。第二,村中演小戏,如傀儡戏、花鼓戏时担任伴奏。第三,村中凡有红白喜事时协助仪式。这些活动有时是志愿的,例如过去村人红白喜事,任全贵都是义务帮忙。舞板凳龙灯是全村重要的公共娱乐活动,吹班会也是志愿参与。但也有不少可以收费的活动,例如为傀儡戏和花鼓戏伴奏,是吹班会重要的经济收入来源。正因如此,吹班会必须熟稔当地文化仪式的诸多惯例,例如:白事需与道士先生作法事相配合,一般

---

[1] 被访谈人:任传贵(61岁)。访谈人:鞠熙、王辉。访谈时间:2016年9月18日。

吹"馒头第"调，红事接新娘时要用"水流耳"调。①

2. 红花会

红花会也叫花鼓队或花鼓会，多由女性组成，成员四五名，有会田供给开销。花鼓队的活动一般集中在正月，以高演为始终。从正月初二开始，花鼓队成员先祭拜地头神，然后在村中表演。从正月初三开始，花鼓队在景宁县境内的村落中巡回表演，一直持续到正月十五回到高演，演出才算正式拉上帷幕，"自己村的呢，抽一个晚上出去了到别的村去做，做到正月十五了又回来，最后到村里收尾，叫做圆灯"②。花鼓调有唱本，比如"丁嘞铛嘞花嘞，想来亲亲，花鼓来到报太平"，都是从1949年以前就流传下来的曲调。③ "文化大革命"时期花鼓戏曾暂时中断，但80年代以后很快恢复，现在有喜事或道场，有时也会请她们来表演。村民们认为，村里有花鼓队很方便，因为红白喜事、婚丧嫁娶都需要表演，妇女们自己组织起来，就不用到外面去请了。

3. 舞狮队

舞狮队与花鼓会一样，都是正月里的表演团队，平时有专门的会田供给开销。舞狮队全由男性组成，多为下午或晚上开始表演。和花鼓队一样，舞狮表演基本要持续到正月十五左右，表演结束后，还需要祭拜祖先，之后才能离去。舞狮队到人家门口或店家门口舞狮，主人家会封红包讨个吉利，半个月下来能有一笔不少的收入。"文化大革命"时期舞狮活动曾暂时中断，现在如果有店里开张等活动，也会请人来表演。④

---

① 被访谈人：任传贵（61岁）。访谈人：朱霞、王宇琛。访谈时间：2016年9月19日。
② 被访谈人：任启兰妻子。访谈人：鞠熙、王宇琛、王辉。访谈时间：2016年9月18日。
③ 被访谈人：任妙琴。访谈人：鞠熙、王宇琛。访谈时间：2016年9月18日。
④ 以上关于吹班会、花鼓队和舞狮队的内容，是村民所回忆的1949年前后的情况。在文献记载缺乏的情况下，我们据此也可以大致推测清代后期的情况。

4. 龙灯会

村里男性组成龙灯会。高演有龙灯的租谷,供正月 2 支龙灯队费用。

5. 路会

全村有 4 个路会,分片包干村内通往外部的 4 条山路。每年白露节气时,各会分头拔除路旁杂草,修整道路。路会各有田租供给参加修路的农户在"白露"这一天的饮食。1949 年后,路会的活动改为以生产队为单位对通往外村道路进行修整,村民们称之为劈路、开路。

6. 桥会

桥会的作用是管理维护高演村的风水三桥。与早期路会不同,桥会一直采取志愿参与的方式,规模也很小,只有几个人。[①] 不过,桥会的情况仅有口述,没有得到其他资料的佐证,且按《环胜楼记》所载,环胜三桥的维护修理都由文昌会负责。因此,桥会究竟何时存在,以何种方式存在,尚存疑问。

7. 文昌会

文昌会由任制锢首倡成立于乾隆年间,与环胜桥的修建有密切关系。任制锢之父任圣德在世时,见高演出水口处两峰对峙、中流深涧,于是广集众人、输资聚财,于乾隆二十二年(1757)创建环胜桥,并作楼三间于其上,楼上塑文昌像。他们从七世祖敬英公祭田中拨出三亩有零箐灯租用作会田,成立"文昌会"。

文昌会的会员是大三房内所有有功名的读书人,即"派下衣冠之士"。每年二月初三,由文昌会成员轮流承办文昌星君祭祀,并在中午请全村读书人吃一顿酒宴。文昌会还负责照管环胜楼,"递年修漏补葺"。在成立之初,文昌会人数应该不多,大概五六人,每到暖风晴午

---

① 被访谈人:任启年。访谈人:朱霞、王宇琛、关静。访谈时间:2016 年 9 月 18 日。

日，这几人登环胜楼而吟诗饮酒，诚为斯文之会。① 文昌会在当代早已不存，村里只有很少人还有印象，任传瑶说："文昌会就是读书人每年到文昌阁吃一餐，和祭祖差不多的。"② 这段记忆承载的信息量虽然少，但是仍然反映出人们对文昌会的印象是一种乡绅群体的社会组织。

据家谱的记载，七世祖敬英公另立有 40 秤祭租以为油灯田，专门供给派下有功名子弟以为读书灯油之费。③ 文昌会的会田应当就是从这其中拨出，因此民间有将文昌会理解为油灯会的说法。从家谱记载来看，这两者实则用途分异，但它们有一个共同点，即是专为族中衣冠子孙、也就是有功名者提供的福利。

8. 迎神会

该会的会田规模超过祖宗祭田，并有大片山场，山场交种山者育林，种者自用林木不计，砍伐林木买卖须交二成收入，每年还须缴纳一定的实物或钱币作为山租。

每年神头和值年农户负责管理这部分收入，并安排迎神活动。迎神会下还设有若干小会，如七月七马天仙生日有会，迎神队伍仪仗有会，请戏班演戏也有会，请道士建醮有会，各房拦街求福也各有会。迎神会极大丰富了村民枯燥的山乡生活，提供了丰富的村落公共产品。例如，除每年迎神时的演艺活动外，如果平时有外地戏班和木偶班路过，迎神会的会首们视会款积余多少和农事忙闲情况决定是否邀请演出，若要演则告示全村，若不演也要招待对方一顿饭。50 年代以来，如有农村业余剧团来村演出，由村干部负责接待。现今迎神会开支多由民间自发捐资。

9. 三官会

以信奉三官大帝的家庭组成，有会田供每年活动一次。

---

① 任制鎠：《环胜楼记》，《景宁高演任氏宗谱》，道光十六年（1836）重修。
② 被访谈人：任传瑶。访谈人：朱霞、王宇琛。访谈时间：2016 年 9 月 19 日。
③ 任圣纲：《祠田》，《景宁高演任氏宗谱》，道光十六年（1836）重修。

10. 九日会

少数农户组成，约定每年十月初九早起看蜘蛛结网，以卜来年收成，仅吃一餐，会田很少。

与清末民国大多数的民间社会类似，高演这些会一旦组成即不再解散或停办，成员采取较为封闭的世袭制，仅在家庭内血缘继承。会田的所有权归入会人共同所有，会田一般只许买进不许卖出。如因家庭原因无奈在本村本族抵押会田使用权或出卖其所有权，就意味着出退该社会组织，丧失了每年可分享的权益和轮值年份的盈余收入。

50年代，各会的田地山场都分了，依附于其上的社会组织也失去了存在的依据，只有"路会""禁山会"等少数执行必要社会功能的组织还存续，演变为各生产队、村民小组分片包路管山的形式。在生产队承包到户时期，各队有的保留了较多公共"路田"，有的全部分掉。这种情况下，现在白露日组织村民修路时，各队的"待遇"多寡不一，有吃两餐加一包烟的，有只吃一餐的，也有当时没保留"路田"要全组农户尽一天义务工的。

（二）当代社会组织

在当代社会，国家公共福利体系日趋完善，乡村的大部分公共服务尤其是公共基础设施不再需要村子承担，相应的，高演的社会组织更注重满足村民的精神需求，服务于村民日常娱乐的组织增多了。

1. 老年协会

老年协会在2014年12月由村委会带头成立，发展至今已有60余位成员，大多为60岁以上的热心、肯干实事的老人。民政局拨款7万元在祠堂原址为老年协会建造了专门的活动场地。闲来无事时老人聚在一起打牌搓麻将，逢年过节则组织起来慰问老人、发放棉被，村中有人家发生意外也会集体商量讨论，积极协调并帮忙解决问题。每年九月初九开会是协会的例会日，这一天成员们坐在一起吃午饭，汇总当年村中情况并安排下一阶段事宜。"钱（活动经费）的话，村里面出一些，民政局给一些。以其他的形式搞活动的钱，省一点下来。"[①] 协会专门设有会计负责财务事宜。

2. 舞蹈队

高演村舞蹈队是由当时的村委副主任任林梅和妇联主任任小月组织发起的、村中妇女自愿参加的民间兴趣小组，也是梧桐乡成立最早的一支舞蹈队。舞蹈队的主要功能是活跃氛围，丰富当地人的精神文化生活。现在舞蹈队已有成员三四十人，她们利用晚上时间免费学习跳舞，并在一些活动场合公开演出。

另外，高演还成立有老年民间器乐队、中老年人腰鼓秧歌队、瞳囡文工艺术团和其他业余文艺组织。

[①] 被访谈人：任启兰。访谈人：朱霞、王宇琛、关静。访谈时间：2016年9月17日下午。

第三章　文化空间与文化标志物

高演村的空间是多重的。它既是物质空间，这个村所有的物质实体都属于物质空间；也是风水空间，周边自然环境与高演的关系构成了它的风水空间；还是文化空间，体现了高演文化传统的自然环境与人文环境相互调适的过程。如果说文化空间的概念相对抽象，那么高演村里各处沉淀了历史、仪式与活动的文化标志物就是文化空间的具体体现。

一　空间类型

高演的物质空间从布局上说是一个典型的山村。它地处深山之中，东、南、西三面环山，北面有河流和较低矮的山岭，中间是一块平坦地，即传说中湖泊所在之处。就在这块平坦地上，村落依势而建。全村房屋均一个坐向，按照阴阳五行观念，"坐壬出癸水"，即房屋均朝东南方面，屋宇前有小院子，大门据村中道路走向朝东或朝西，屋后往往有小门与道路相通。村中主要街道与房屋朝向一致，也是以东西向为主，主路有二，一条是从村委大会堂经过店廊到马仙行宫的一条路，另一条是由原来祠堂改建的村文化礼堂前的一条路。村中南北道路有六七条，均为小路。村中大小路径纵横交错，虽都较为狭窄，却家家户户门前都有道路，村民出行倒也方便。村北廊桥之处

图3-1 高演村里的街道与水道

有河流汇集山泉流往山下,沿着河流和山沟有一条旧时村中通往外界的最主要道路,这条山间小路沿山势而建,由石块铺成,狭窄而险陡,但它却是高演村到梧桐乡、到景宁县城最近的一条路,距离梧桐仅25里,距离景宁县城60里。

高演的风水空间与其祖先开基传说紧密联系在一起。传说,高演村所在地原为湖泊,开基祖任纪年少时在此处为舅舅放牛。湖边地气和暖、阳气上升,牛吃饱了就在这里睡,睡好了也不愿回家。途经此地的一位风水先生看见,就让任纪回去向舅舅要下这块土地。舅舅觉得湖边杂草丛生,无甚价值,便将这片土地给了他。任纪在此排水建屋,但被湖边两山阻挡,排水需要开山。任纪白天将山挖开,晚上两山又合拢,原来这是雌雄双山,永不分离。于是,风水先生又指点任纪,让他杀白狗祭山。祭山后,任纪在山脚下挖到一对没开眼的凤凰,凤凰见光便起飞,直落南边山上停下,于是南边的山就叫作飞凤山。凤凰离去,双山分开,水道开出,湖水排干,任纪于是在高演这里开基造田、建屋繁衍,传下高演任氏家族。

高演村的文化空间大约定型于清乾隆年间。宗族制度的确立标志着高演宗族文化的形成。高演任氏祠堂始建于乾隆九年(1744),但当时堂宇狭小:一方面,无法满足全族祭祀和聚餐的需要,且"庙貌时祭不辍,但随俗迁移,未立成规"①。至乾隆三十一年(1766),由任圣德首倡重修扩大,次年工成,从此定下四房轮值的祭祀规矩。②高演任氏的第一份宗谱也修订于同一时期,它开修于乾隆三十五年(1770)二月,完成于乾隆三十六年(1771),而在此之前,任氏家史只有口传故事和断简残片,从未成章。③祠堂与家谱的修成,从物质、想象、仪式与认同等各方面,标志着高演任氏宗族制度的确定。另一方面,就村落而言,作为村落集体象征的庆云庵与孝诚宫,分别创建于康熙四十岁(1701)④和乾隆四十六岁(1781)⑤。孝诚宫是村落共同体的象征性标志,也是全村每年迎神祭赛的核心圣地,被认为是"神明终古所栖托,我里禋祀之所",自重修以后,村民"于每岁寒露降时,择吉演剧"⑥,抬神舆绕境巡游。可见,无论是宗族祭祀制度,还是村神崇拜的制度,在高演村都定型于乾隆中晚期(18世纪后期)。

二 主要文化标志物

高演的主要文化标志物分为祠堂、寺庙、公共基础设施三种。在传统社会,祠堂和寺庙也承担有部分公共设施的作用,但由于它们带有信仰意义,且高演的寺庙众多,因此在下面单独列出来。随着时间

---

① 《春秋祠祭仪注》,《景宁高演任氏宗谱》,道光十六年(1836)重修。
② 任圣灿:《演峰任氏祀记》,乾隆三十六年(1771),《景宁高演任氏宗谱》,道光十六年(1836)重修。
③ 任圣德:《任氏重修家乘朴庵自述序》,乾隆三十六年(1771),《景宁高演任氏宗谱》,道光十六年重修。
④ 任观益:《孝诚宫记》,道光十六年(1836),《景宁高演任氏宗谱》,道光十六年重修。
⑤ 任应熊:《庆云庵记》,乾隆三十六年(1771),《景宁高演任氏宗谱》,道光十六年重修。
⑥ 任观益:《孝诚宫记》,道光十六年(1836),《景宁高演任氏宗谱》,道光十六年重修。

的推移，社会环境的变化，这些文化标志物的功能也在发生变化，比如当代高演的多个文化礼堂，有的就是由原来的祠堂、寺庙乃至学校改建而来。

（一）祠堂

任氏祠堂是高演村任氏族人进行宗族活动的主要场所，今天环胜桥旁的文化礼堂原为任氏祠堂所在地。据村里老人任启财老先生回忆，祠堂原来是三进的四合院建筑，第一进厅是餐厅，任氏宗族举行祠堂酒的地方；第二进厅是序伦堂，是宗族议事的地方；第三进是务本堂，摆放有任氏宗族的牌位，其中任绍何一支在东侧，任绍显一支在西侧。务本堂内有祠堂鼓，宗族有事商议可以敲祠堂鼓召集族人。访谈中得知，旧时祠堂每年在固定日期举行祭祖活动，1949年后祭祖活动停止，餐厅部分曾一度作为小学使用。1978年祠堂被拆除，村民在原址上新建小学校，2003年小学撤销后，原址成为村委会办公场所，近两年改为村文化礼堂。

（二）寺庙

高演村中最主要的寺庙是孝诚宫，它与马仙行宫、小孝诚宫一起组成了高演马仙信仰的庙宇系统。

1. 孝诚宫

孝诚宫俗称马仙宫，始建于1387年，是高演年代最久的建筑，位于村水口廻龙桥西的山垄上。清乾隆四十六年（1781），任圣纲因见"旧宫湫隘，未宏其居，不足以壮观瞻而隆其祀典也"[①]，与族中兄弟合力于是年春重新创建祠宇，新建正殿三间、左右两侧回廊以及

[①] 任观益：《孝诚宫记》，道光十六年（1836），《景宁高演任氏宗谱》，道光十六年重修。

正殿对面戏台一所。

现在，当年修庙时捐资众人名字尚存于正殿房梁上，两光四房似都有人出资，数目从数两到二十两白银不等。其中，大房日成公系中圣诰一家，是以圣诰的妻子"本里信女张勋娘"及其三子的名义出资捐赠的。另外，敬英公派下（即光一公支下大房、二房、三房）还捐出祭资银120两。除了高演任氏外，下庄、张师洞、坑底洋、柘赖坑、东源的蓝姓、雷姓30余人"助工三日"，另有本里监生潘后达捐银3两、信士夏百世捐银捌分正。从捐资情况来看，孝诚宫的修建依赖于任氏宗族，但并不排斥外姓村民的参与，家庭中显赫的女性虽然不直接参与宗族政治，但却在建庙捐资时获得尊敬，马天仙的女性性别也无形中提高了村中女性在信仰活动中的参与度。另外，下庄、东源庄等附属村落的参与助工，反映出附近村落对马仙宫权威的认同，而高演村也接纳它们进入自己的村落组织系统。

至道光十六年（1836），高演又在马仙宫左傍山巅建立钟楼，因主祀神灵马仙飞升乃因"孝能格天，至诚感神"，故将马仙宫名为"孝诚宫"。[①] 据村民回忆，钟楼两层，第二层上挂有一口极大的铁钟。每月初一、十五铁钟敲响，附近乡村如林山等都能听到，为村中镇风水的神器，有"十里钟声响，百村朝礼拜"之说。据说，通往大漈、合江十多里远的地方有座石鼓山，上面有个石鼓，高演的铁钟一响，石鼓也会跟着响，这叫"钟鸣鼓应"。50年代中期钟楼屋宇坍塌，1958年大炼钢铁时，村民用铁钟向供销社换取五百斤尿素化肥。因为钟太大难以砸碎，用火烧了七天七夜才融化。[②] 2017年村里又在离钟楼原址约10米处复建了钟楼和铁钟。

据村民回忆孝诚宫内原本中央供奉马夫人神像，左边供奉的原是

[①] 任观益：《孝诚宫记》，道光十六年（1836），《景宁高演任氏宗谱》，道光十六年重修。

[②] 多位村民曾给我们讲述过这一故事，包括任启年、任妙琴、任启兰之妻、任传贵等。

何八公，后改奉李九公，右边配祀元帅公，这与文献的记载相一致，"中塑马天仙及左右两厨神像，间里瞻拜从之"①。马仙是浙南地区重要的地方信仰人物。唐乾元年间缙云县令李阳冰的《护国夫人庙碑记》记载，"护国夫人马氏，括苍下邑鸬鹚（今景宁县鸬鹚乡）人"。在景宁，以她为主神的庙宇遍及全县。明《绘图三教源流搜神大全》记载："大仙姓马氏，家贫养姑，孝又佣身以资薪米，恒苦不给，艰险备尝，略无倦息。一日遇异人授以仙术，祝之曰：感汝孝养，持此代菽水欢，毋轻语。大仙如其术，日给膳养不劳余力。自是姑得所养善所终。"② 在高演村民中，也流传着关于马仙的传说，传说她是戴钟人，嫁到鸬鹚。她早上生火做饭却没有火种，于是到大均点火，跑得很快，太阳落山之前就回来了。马仙的婆婆叫她回娘家给自己弄米汤喝，马仙拔下头上的钗，插在地上米汤就自动出来了。正是有这些神通，她成了神仙。至今，鸬鹚的马仙庙还被认为是这一带最灵验的神庙。③

何八公，据《景宁畲族自治县志》记载，原名何磷，"南宋民间道士，今景南乡东塘村人，传为茅山派俗家弟子，曾受命于宋高宗，在临安'设坛祈雨立验'而受帝嘉。昔民以仙祀之，多处建庙"④。高演村民说，"何八公是丽水市名人，朝廷招募的打虎英雄，也是有名的道士，有古诗歌颂他的功绩。景南至今还有何八公的墓地，还在举行道场。"⑤ 何八公与高演村旧有渊源。据说何磷和他的兄弟是雁溪一带大族何氏的始迁祖，县内雁溪村有"何马二仙宫"庙，俗称

---

① 任观益：《孝诚宫记》，道光十六年（1836），《景宁高演任氏宗谱》，道光十六年重修。
② （明）《绘图三教源流搜神大全》，上海古籍出版社1990年版，第434页。
③ 被访谈人：某位在孝诚宫内帮忙装修的任姓村民。访谈人：鞠熙、王辉。访谈时间：2016年9月18日。
④ 柳意城等主编：《景宁畲族自治县志》，浙江人民出版社1995年版，第527页。
⑤ 被访谈人：任妙琴，访谈人：贺少雅，访谈时间：2016年9月17日。

何八公庙,大门、戏台等为元明建筑,至今保存完好,为县级文保单位。凑巧的是,高演始迁祖任纪的娘舅何姓就是雁溪迁来,因此村里一直供奉何八公,何姓迁出高演后,何八公信仰仍然延续了一段时间。这种渊源在民间传说中也有体现。人们说以前有个乌鸦精来到村里,闹得乌烟瘴气,把孝诚宫的戏台都打烂了。何八公听说此事后,来村中作法,将乌鸦精定在庙里,守住它,让它不能再作恶。因此庙里必须塑有何八公,目的就是镇守乌鸦精。[1] 后高演任氏与小溪江中游的大均村望族李氏联姻,受其影响,开始改奉李九公。

而至于元帅公,村民则知之不多。陈新民考证认为,元帅公就是李阳冰《碑记》记述的马仙乡人为戍卒者。清代朱葵之作《孝仙颂》有"叶大郎簪花,好事传绘图"之句,证明曾有人见过叶大郎待立马夫人之旁的图像。叶大郎的出处和事迹在流传中渐趋湮没,只有部分乡村庙宇有元帅公配祀马仙,少数老人还记得他叫叶大郎(相公)。[2]

孝诚宫从创建之初便是"神明终古所栖托,我里禋祀之所"[3],至今村民们仍将孝诚宫视为整座村落的守护圣地,村民平日烧香、求神、许愿、祈祷都在此处。"文化大革命"期间孝诚宫内原有的神像被拆毁,孝诚宫便一直荒废。1986 年,高演村民集资重修孝诚宫,当时几乎村里所有人参与了捐助,有钱的捐钱,没钱的助工干一两天活。虽然当时没有修复神像,但村民们在孝诚宫大殿里放置了两个香炉,民众有事,就对着两个没有神像的香炉烧香祭拜。1990 年,村民再次修庙,近年来又多次装修重建,寺庙两厢的横梁上留有数百人的捐资记录。2016 年,村民自发捐资重修。田野调查时孝诚宫尚在

---

[1] 被访谈人:任传贵。访谈人:鞠熙、王辉。访谈时间:2016 年 9 月 18 日。
[2] 本部分关于马仙、何八公、元帅公信仰的论述,参考了陈新民《梧桐乡高演村落文化调查记》,梧桐乡综合文化站编《梧桐群众文化特色村》第 22—23 页的相关内容。
[3] 任观益:《孝诚宫记》,道光十六年(1836),《景宁高演任氏宗谱》,道光十六年重修。

重建戏台、重塑神像，号召大家踊跃捐款的红布上，密密麻麻写了70多位任姓子孙的名字，捐款金额从200元到15000元不等，合计7万多元。很多人虽已搬到景宁县城居住，但仍为村庙捐资助款，故孝诚宫修缮小组还专门在景宁设有捐款处。村民们说，重修孝诚宫他们都热心参与，有钱的出钱，有力的出力，"因为村里不能没有地头殿"①。至今，高演村民还有除夕夜祭祀孝诚宫的习俗。在大年三十这一天，各家各户除了祭祖之外，还必须去孝诚宫里上供。一般由女性出面主祭，负责烧纸和摆祭品。祭品讲究年糕和糍粑必须有，要六杯酒，酒菜必须成双。以家庭为单位，男性在家中祭祖，女性在庙中祭神，这其中的含义显然是对称性的，可以说，孝诚宫是与祠堂同等重要的护佑村落的圣地。

2. 小马仙宫

小马仙宫原坐落在兰砻岭脚东约50米处，1949年以前便已倾圮，今已不存，故村民多有不知，只有1937年出生的任启财老先生还记得小时候曾见过。据他说，小马仙宫位于村落正中原圣德公宅院南，是一处两进的院落。前有平台，后有戏台，约1.5米高，乃任制錋出资所建，为迎神停驾之处，故也称"停台"。任制錋之兄任制铠早亡，制錋为表"孝诚"之意，不仅将长子过继给他，还专门建了这处"小孝诚宫"，以明其志。小马仙宫平时空无一物，村民可休息聊天，迎神时，村头孝诚宫的三尊神像先抬至此处，演戏祭拜之后，再抬至马仙行宫。此处演戏仅为两个小时的小戏，至马仙行宫再演数日大戏。据说，小马仙宫倾圮后留有废墟，20世纪50年代拆除戏台、出售木料，此处只余空台一处尚存。②

据道光十六年《鼎建马仙行宫记》中记，在道光年建成行宫之

---

① 被访谈人：任传贵。访谈人：鞠熙、王辉。访谈时间：2016年9月18日。
② 以上内容据任启财口述。访谈人：鞠熙、王辉。访谈时间：2016年9月19日。

图 3-2　2021 年重修后的孝诚宫

前，历年来马仙神像被迎至村中后，都"停驾民房"，应该说的就是这处"小孝诚宫"。① 但《鼎建马仙行宫记》并未明确提到任制镃修建小马仙宫一事。无论如何，可以确定的是，小马仙宫乃私人所建，并非公产，马仙行宫建好后，迎神神舆便只在此处停留少许，小马仙宫不再设驾演大戏，它在村中的神圣地位日渐式微，故此倾圮也早。

3. 马仙行宫

马仙行宫建造于道光十六年（1832），坐落在村中心，屋宇宽敞，设有门楼戏台、天井、供殿和厢房等配套建筑物。行宫平日不供神，原是每年七月七日马仙神舆出宫驻地，为村中迎神演戏之所。

自乾隆以前开始，高演村就有白露霜降后，迎马仙神舆出宫临

---

① 任观萃：《鼎建马仙行宫记》，道光十六年（1836），《景宁高演任氏宗谱》，道光十六年重修。

村，演剧三昼夜的活动，历年来一直停驾民房，村民并无异议。但随着时势变迁，"嗣人不古，往往以仙舆所驻为拥戴之功"，可能有要挟牟利之举，故在道光十一年（1831），族众立志起造马仙行宫。各房捐出祭田余资，各家各户又捐赠了一部分，共得300余金。众人寻觅基址，觅得店后国俊公（即七世祖任敬英，他是大房、二房、三房的共同祖先）祭田大小2垟共36田，于是将双连坑祠田1块共5垟与之对调。是年七月十四日开始破土动工，造正堂3间、两翼走廊敞轩，堂下大门之内创建戏台，大门外还有余地4丈余，用围垣绕起，直达大路。门外左侧造小屋1间，专门用于行宫厨房，屋外即为旧店。行宫右侧与凌云别墅共用1墙，后墙外还剩一小块土地未用，于是变卖钱文，入为公用。历时5个月后，行宫落成，规制悉具。① 至此，马仙出巡驻跸行宫成为定规，每年迎神会时，这里是事实上的祭祀中心。若神舆不至，则行宫内不设神像，大堂宏敞、两轩翼然，大门常开不闭，村民可以随时进去休息、聊天。

至民国三十六年（1947），当时管理孝诚宫与马仙行宫的大房房长任邦基号召重修了行宫戏台，当时高演邀请了这一带最有名的木匠雕工任凤生，戏台修葺得美轮美奂。② 民国三十八年（1949），任邦基又首倡重修了马仙行宫大堂，至今大堂横梁上还留有当年的重修记录。20世纪80年代，行宫成为村大会堂，放电影、开大会都在此举办。2000年，行宫厢轩倒塌，正堂也有倾圮之虞。任邦基的孙女任阑珠，传承自己的爷爷鼎力重建行宫之举，首倡并捐资5000元，高演村村委投工折币1900元，景宁任呈玉捐资3000元，来自北京的车绍连捐资1000元等，再次重修马仙行宫及戏台。为表彰与纪念，由

---

① 任观萃：《鼎建马仙行宫记》，道光十六年（1836），《景宁高演任氏宗谱》，道光十六年重修。

② 被访谈人：任传贵，木匠，与任凤生有一定渊源。访谈人：鞠熙、王辉。访谈时间：2012年9月18日。

第三章 文化空间与文化标志物　69

图 3-3　2016 年 9 月马仙行宫戏台上演戏

图 3-4　2021 年马仙行宫戏台

梧桐乡老龄委出面，刻立石碑一方，立于行宫外左墙下。2013年，行宫成为村文化礼堂展览展示园地，村史展览和村农家书屋以及老年协会器乐活动室等村里的文化活动都在这里举办。至今，行宫仍然是高演文化娱乐活动的主要空间。

4. 白鹤仙殿

不见于任何文字记录，仅据任启财说，过去村北山头上有一座神殿，内供白鹤仙，故名"白鹤仙殿"。秋赛迎神时，马仙神舆会在此停留。1949年以前神殿即已拆除，现痕迹无存。

任启财描述，白鹤仙殿所在的山顶非常平坦，而任制鎕所绘《（高演）境内总图》中，村北山顶上有一处"迎神坪"，也非常平坦。光绪年间严用光《演峰溪山秀丽冠于各乡暇日遍游名胜古迹各系一诗得十六首》中曾有《迎神坪》一首，提到了迎神坪接神舆之事："才过秋分白露零，开台演剧耐人听。丰登有象农心喜，争拥仙舆许乞灵。"[①] 我们推测，或许迎神坪即白鹤仙殿的前身？盖因历年迎神皆在此停留，故乾隆后村民在此建神殿一所。

5. 庆云庵

庆云庵俗称庵堂，位于村北环胜桥下廻龙桥西、离孝诚宫约10米处。庆云庵始建于康熙四十年（1701），乃八世光一公支下任世旭光二公支下任世遇以及大房世尹公之子日成、日旸，大房世浩公之子日生所共同建造，从"两光四房"的宗族架构来看，庆云庵基本可以认为是集全村各房之力兴建完成。当时，庆云庵所在地在林麓之下、草木繁翳，更有甘泉涌出，但是污秽不堪、杂乱无章，于是诸公造殿宇、塑神像，又置庵田数亩，交予寺庙住持耕种，更因山冈蔚然、云归峰流而命名"庆云庵"。至乾隆辛卯年间修纂家乘、鼎新村

---

① 严用光是直隶州分州职改就教谕鸦峰书院主讲，曾为光绪庚寅年（1890）重修《高演任氏宗谱》作序。该诗见光绪庚寅年重修《高演任氏宗谱》。

貌时，庆云庵并不在重修之列。是年任应熊作《庆云庵记》，只提及庵堂所在之处景色优美、地气颇佳，未曾言及庙内有何祭赛献供之事，显然此庵在信仰方面的地位不足以与孝诚宫相提并论。①

庆云庵正殿供佛，两翼为楼房，可供人居住。道光元年（1821），两侧楼房遭火焚毁，瓦砾遍地。于是任谦首倡捐资、率众重修。自道光三年（1823）年动工，至次年祠宇均已完成。"上栋下宇，丹之垩之，奉佛有殿，瞻拜有堂"，不仅神殿、客堂应有尽有，连仓库、厨房皆一应具备，较之旧址更为宽敞。至道光七年（1827），浙江东阳巧匠周云峰答应为庆云庵塑造神像，于是庵内增加释迦牟尼、观音、罗汉、三官、五显的神像。② 但在村民的记忆中，庵堂中的神像有金光佛、观音、文殊、普贤、二十四诸天和十八罗汉。他们说，庵堂大殿五间，正祀大佛三尊，中间一尊背有金光，故村民称之为"金光佛"。旁有两位观音，其中一位抱着小男孩，露出孩子的生殖器；另一位肚皮敞开，里面有笑眯眯的小孩探出头。十八罗汉与二十四诸天分立两壁，手里拿着不同的兵器。③

村民传说：十八罗汉是强盗，二十四诸天是奸贼，他们都是干坏事的。后来，他们被观音劝化。观音让他们做好事，他们于是真的做起好事来，在一条山沟里搭了许多草棚，一心修善。观音为了试探他们是不是真的修善，有一天晚上，化作一个妇女，带一个孩子，到了十八罗汉和二十四诸天的住处，求他们收留。罗汉们都不肯收留，妇女走投无路，抱着孩子跳潭自尽。十八个罗汉和二十四个诸天看到妇女的尸体后说，"我们原本说要做善事，结果连一个女人都容不下。

---

① 任应熊：《庆云庵记》，乾隆三十六年（1771），《景宁高演任氏宗谱》，道光十六年重修。

② 任谦：《重修庆云庵记》，道光十六年（1836），《景宁高演任氏宗谱》，道光十六年重修。

③ 很多村民回忆了庆云庵神像的情况，包括一位80多岁的梅姓奶奶和任启财。访谈人：鞠熙、王辉。访谈时间：2016年9月17日、9月19日。

如果我们之中有一个收留她，她都不会死掉"。大家都很后悔，因此一起跳进潭水自杀。死后全部成神成仙。老人任启财对这一故事深信不疑，因为他说他读过一本书，上面清楚写着："十八罗汉是强盗，二十四诸天是奸贼"。①

庵由庙主管理，一般为无依无靠的孤寡老人，在负责维持庵堂日常运转的同时，也依靠庵田维持生计。据说原有和尚在庵内居住念经，但太平天国时和尚被打死，埋在庵前田中，因此此处也称"和尚田"。此后庆云庵就再无出家的僧尼，只是供村人烧香拜菩萨，不办法事。

庵堂厢房三间，一间为茶堂，里面备有锅灶餐具，为来此进香拜佛的人提供茶水。另一间为"仙堂"，有一位"先知先生"在此居住，可以扶乩问卜。关于"先知先生"的情况，请参见下文"问

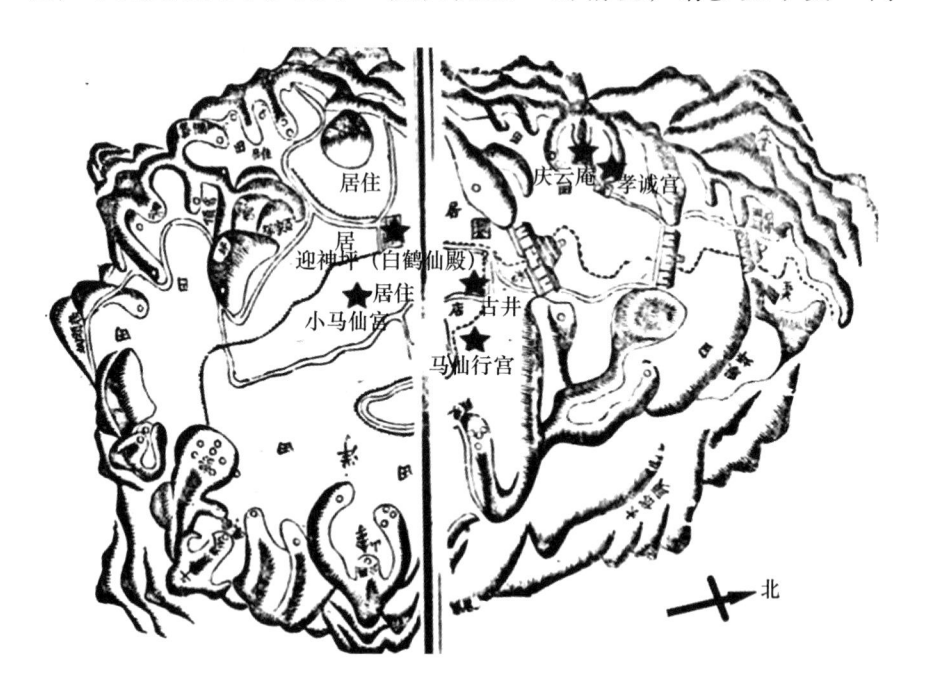

图 3-5　高演村寺庙与古井分布图

---

① 被访谈人：任启财。访谈人：鞠熙、王辉。访谈时间：2016 年 9 月 19 日。

卜"。大约 1960 年时，庆云庵建筑仍存，但神像均已被毁。"文化大革命"期间，庆云庵被拆除无存。

（三）水井与水道

高演村用水分为三类，一类是饮用水，另一类是其他生活用水，还有一类是农田用水。

图 3-6　高演古井

高演村现已装上自来水，但旧时主要饮用井水。在 1949 年以前，除了自家院子内的小水井外，还有七口较大的公用水井，可供村民使用，但井水有限，必须得节约使用。时至今日，仍有许多村民挑井水饮用。如果天旱少雨，有时用水浇田也需要用井水，就更需要村民自觉节约用水，少用井水。但只有一天是例外，因为大年初一不能挑水，大年三十晚上年夜饭过后，家家户户必须把家里水缸装满，水井里的水此时会被取干。另外，竹园下任氏祖居前门左侧的一口古井颇具传奇色彩,这口井据传砌自清朝,直径约一米,是终年不涸的冷水泉,水质最佳,当地百姓常取此水酿造当地"主家酒"。这口水井被认为有神性,水是"仙水",有"无孕怀孕,有病祛病"之说,村民求子会来此祭拜,生下孩子后认水井做干娘,等孩子18岁时,再来祭拜还愿。附近村民还常取此水煎汤熬药。

至于洗衣刷罐等,以往村民都在门前水道中进行(水道参见图3-1)。在高演村,水道被认为是非常重要的基础设施,村民往往从自家地基中留出一部分用作公用水道,包括祠堂这种村落最重要的公共建筑也是如此。乾隆年间修建完毕的祠堂"敦伦堂",曾有意将祠堂围墙向内收缩数尺,于门外上首墙外预留出了3.5尺至5尺宽的水道。① 一年四季,山上和田间的水流进各家门口的水道,汇集在环胜桥前,自西南到东北流经廻龙桥、到清风桥下时水势聚集成为一道瀑布落在山涧中。村民深知水道的重要性,因此即使在"五水改造"的今天,村民们仍强调水道不能被完全封闭,更不能被填埋,因为高演村地处盆地,一旦降水泛滥,多余的雨水必须经由水道排出。同时,木结构的房屋很容易走火,且因为房屋密度大,如果救火不及时将带来不可估量的后果。因此,高演村在房屋规划时,往往都会预先留出水道位置,一方面既能保证每家每户的生活用水,另一方面也能为消防与排涝做准备。

农田用水前文已有说明,此处不再赘述。总的来说,湖田由于地处盆地,有比较充沛的水资源,而山田则根据"水口"与水道所在自发划分流域。有的山地如果实在无法与"水口"相连,则还有一种"晒田"的情况。有的土地土质紧密,不适于耕种,但加少量水后呈胶泥状,可以存水,也可以用于储备农业用水。

---

① 《祠堂图》,《景宁高演任氏宗谱》,道光十六年重修。

（四）山路与凉亭

高演有四条大路，都是任氏先祖用石头铺成，分别通向大漈、金兰、东坑和沙湾。其中通向金兰的路为下山的道路，最终通往梧桐乡和景宁县城，也是以前联系高演与外面世界的主要道路。2000年左右村里通向外面的水泥路修成以后，这些石头道路渐渐被废弃。现在沿着清风桥下去重走这条去往梧桐乡的山路，刚出村时路还清晰，大概是旁边有稻田、村里人走的多些的缘故。再往前走，杂草湮没道路。我们去勘察凉亭时，护路工任照儿走在前面，时不时用刀刈除挡路的杂草。下山的路什么时候开始修的，任照儿也不清楚，他只知道坚持维护道路。对他来说，这路上一块块石头都是祖先辛苦铺就的，相比之下，自己稍稍维护一下，算不了什么。

这四条山路上，平均每隔五里就会有一座凉亭供路人休息和遮阳避雨之用。高演村民自发修建的凉亭共有七座，与周围几个村落相比是最多的。据任启兰说，自开基以来任氏先祖就一直修凉亭了，清代、民国曾有过多次修复。村民认为修凉亭就是"修福"，是为自己家族积攒功德，"修路是做好事么，修福，让下一代好一些"[1]。我们在高演通往金兰的路上找到了一座现存的凉亭，其横梁上至今仍有捐资题名，可惜大多已无法辨认。高演在20世纪80年代又修过一次凉亭，瓦片、木材等建筑材料都是村民从村里挑来，最粗的几根梁柱直接在附近的山林里砍伐，承包这一块山林的主人都会同意。凉亭附近通常会有大树，以松树居多，取其长青之意。在高演村民看来，这些路边大树也是先人所植，供人乘凉，且与风水有关，不敢轻易毁坏。[2]

---

[1] 被访谈人：任启兰。访谈人：朱霞、王宇琛、关静。访谈时间：2016年9月17日。
[2] 被访谈人：任照儿。访谈人：鞠熙、王辉、孙英芳。访谈时间：2016年9月19日。

76　高演村文化志

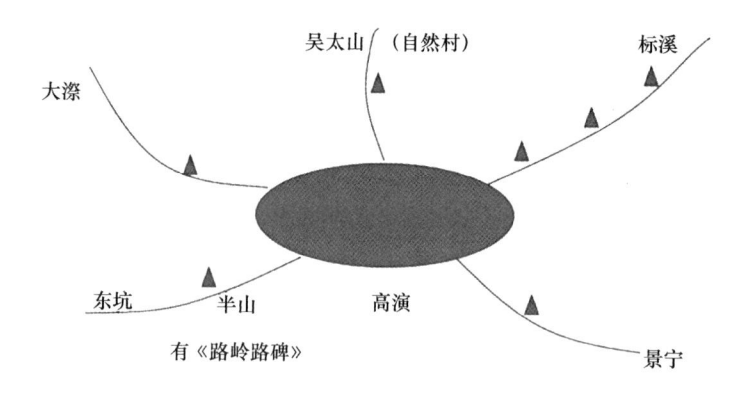

```
         吴太山（自然村）    标溪
    大漯      ▲          ▲
       ▲
         （椭圆）
                        ▲
   东坑   半山    高演
        ▲
   有《路岭路碑》            景宁
```

图 3-7　高演村山路示意图（其中三角为凉亭）

一般来说，山路与凉亭都由白露会负责维修管理，村民也会自发捐资"助善"，这是为自己和家族积累功德的一种方法。但如果山路损坏严重，仅凭会田收入不敷使用，就需要动员全村乃至邻村的力量。光绪二十年（1894）《路岭路碑》为我们留下了当年维修从高演到东坑的道路时，高演村与半山村的合力捐资修路的记录。此碑现嵌于古井旁边石壁中，仅见一面，兹据原文格式照录于下：

（以下为碑文，按原文格式竖排照录）

路高（口）　　　今将捐户刊石
　　　　　　　　任祠　捐钱廿千文
世尹公捐钱廿千文　□口公捐（下
世旭公捐钱十一千　天爵公捐
□路公捐钱廿千文
大经公捐
制鋋公捐
路演（口）
世浩公捐钱廿千文　廷宁公捐银
世成公捐钱五两正　观孚公捐
圣燦公捐银十两正　口光公捐洋
强达公捐钱十千文　长生公捐银
岭庄
梅芳奎捐银十两
梅永炎路贤捐银　　徐梅养捐银
两路半
梅永昌捐银十两正　梅永升捐银五
三碑
梅口庠捐银七两正　梅国口捐钱
梅口明捐银十两正　梅启平一元
三角村
梅口口捐银六两正　梅新明一元
```

图 3-8　光绪二十年（1894）《路岭路碑》
```

从碑文来看，凡高演村捐资，均以"某公"命名，这表明都是以祭田收入捐出。其中，任祠捐钱廿千文，应即从祠堂田祭租中拨出。大三房世尹公、世旭公、世浩公祭田均有捐赠，且数量均排前列，而三房内部各家支也以祭田名义捐钱。相比高演村这种基于血缘关系的集体捐赠行为，半山村的梅姓则以个人捐赠为主，无论人数还是出资数量都居于下风。《路岭路碑》证明，作为一个深山之中的偏远乡村，高演极为重视与外界的沟通，而山路就是当时实现沟通的唯一途径与物质保证。对于山路、凉亭这类攸关村落生死发展的重要基础设施，除了专设"路会会田"以提供日常维持经费外，每到重大集资场合，祠堂田与各房各家祭田都会大力出资，而这些祭田的"集体"所有的性质，也使得修路造桥这类公益事业能够得到比较充分的资金保证，避免了由于过分依赖于个人捐赠而带来的不确定性。土地集体所有、轮流经营并上交集体收入的做法，保证了高演这个物资相对匮乏的村落能在最大程度上维持自身发展。

除了高演村四周的山路，高演任氏也在村外的通衢大道修桥造路、建茶堂凉亭，以利来往。例如，距离高演村40里左右，有一处名为大赤洋的地方，是通达福建的要道所在。高演村人经常经由此路去往邑内或福建，但住宿颇为不便，于是高演族人捐资60两，在此处建立茶堂一所，外为路廊，以便行人休息。同时还拨出敬英公派下祭租1.5石的田亩，以便日常维护修理。道光年间，茶堂倒坏，光一公支下大房又再次捐资20两，重修茶堂，仍供高演村民来往使用。[①]无独有偶，高演北面四十五里有磊村一处，村前为一水所隔，每遇春秋两季雨水淋沥，洪流暴涨，颇阻行路。高演村出资捐修利涉桥，光绪十六年（1890），山洪暴发，石桥无存，任氏族中任诚德、任诚汎

[①] 任殿资：《大赤洋过路廊茶堂记》，《高演任氏宗谱》，光绪十六年重修。任殿资，岁贡生，曾任浙江实业厅咨议，生于咸丰元年（1851），大房日旸公系下任圣灿—制礼—观萃—曾镛之子。

二人，为方便行人往来独力捐资重修。① 值得注意的是，这一堂一桥都被记为七世祖敬英公所建，但实际上，从我们调查的情况来看，高演村人习惯于将村民公益之事归功于敬英公名下，实际情况是这些公共建筑都由祠堂祭田或大三房祭田出资，应被视为高演村集体建设的基础设施。

（五）风水三桥

高演村北沿着溪流有三座廊桥，从里到外依次是环胜桥、廻龙桥和清风桥。这三座桥均为清代木结构廊桥，结构精巧，是高演村古建筑的典型代表，被称为"风水三桥"。三座桥之间的位置本来是一个湖。任氏先祖将湖水排干，将其变为良田，高演村就位于这个小盆地的底部。山上和田间的雨水汇入各家门口的水道，最后向北从一关隘处流出，此处关隘两旁山峰被称为"雌雄山"，而出水口则称为水口。水流自西南到东北从环胜桥下流出，一路下降，经廻龙桥，再到清风桥下，形成一道瀑布，落在山涧之中。

当地人们传说，是任氏第七世祖任敬英采用了风水先生的意见，组织村民在水口处修建了"风水三桥"。水流象征着村庄的风水，环胜、廻龙与清风三桥恰好拦住了风水，于村落命运功莫大焉，"风水三桥"因此得名。道光十六年宗谱中，录有景宁儒学教谕王星所作的《（高演）八景五言古诗》，中有"三桥环胜"诗曰："山川须锁钥，结撰可凌空。桥成三虹影，更教气象雄。倘有骑驴客，诗思将毋同。"② 可见，当时环胜三桥已经定名，成为村中八景之一。关于这三座风水桥，高演村流传着大量的观念、说法与故事，

---

① 任邦垣：《三石利涉桥记》，《高演任氏宗谱》，光绪十六年重修。
② 王星：《八景五言古诗》，《景宁高演任氏宗谱》，道光十六年重修。王星，景宁儒学教谕。

而风水三桥的修建与维护,也是高演村地方公共事业的重要组成部分。

1. 环胜桥

风水三桥中,环胜桥规模最大,形制最为壮观。该桥长30.6米,宽5.65米,高11米,11间廊屋,四柱九檩抬梁式,三重檐歇山顶结构,一孔。高演村民历来有强烈的风水观念,为了"藏风聚气",村里盛行栽种巨大的楠杉木作为屏障。但是楠杉寿命有限,如果一旦枯死,或遇狂风暴雨,很容易折断偃坏,摧毁附近民居。于是清乾隆二十二年(1757),任圣德率领村民共同捐资200余两,将原有的风水树楠杉砍下,斫木为材,建造了环胜桥。环胜桥共三层建筑,顶层供魁星,出门赶考或考中后去拜祭;中层供文曲星,即前述之文昌会主祀之神灵;底层奉关公。光绪三年(1877)八月十七日,环胜桥不戒于火,毁于一旦,族人伤心不已,皆认为自此桥修建以来,高演村

图3-9 环胜桥侧影

图 3 - 10　环胜桥全貌

风水日佳，"人才辈出、户口殷繁，士农工商之俦莫不声蜚艺苑……斯桥之设，诚一村风水攸关矣"。光绪十六年，恰逢重修家乘之际，任履仁首倡，各房首事者谋诸村众，纷纷从本村雾冈、坟垄等处搜罗木材，次年（1891）工竣，新塑身像，颇复旧观。[①] 在民国及以前，环胜桥主体建筑供奉有神灵，左右两侧是通行走廊，中间作为书塾使用。环胜桥至今保存完好，2013 年被列入国家重点文物保护单位。

2. 廻龙桥

廻龙桥位于离环胜桥 50 米处，长 21 米，宽 6 米，高 9 米，全木结构，一孔，两侧"山麓弥长，屏障水口，昔人谓之逆水进神山，嘉赐桥名曰廻龙"。这就是廻龙桥的起名缘由。嘉庆十八年（1813），廻龙桥已屡遭火灾，任制鎣、任制鼎等人考虑到此桥为通衢要道，不宜久

---

① 任履仁：《重建环胜楼落成记》，光绪十六年（1890），《高演任氏宗谱》，光绪十六年重修。任履仁，邑庠生。

废,于是将祠堂以及各房祭资之盈余积蓄起来,共约百金,择日重建,由任谦总理。工竣后,廻龙桥共9间,"中塑大士真人诸像,较前颇增观美"。① 因受长期风吹雨淋腐蚀严重,廻龙桥于2016年重修。

3. 清风桥

清风桥与廻龙桥长、宽、高皆相同,全木结构,一孔,始建于乾隆三十八年（1773）秋,次年告成。从任制锢所绘《（高演）境内总图》中看,初建成时,清风桥就是双层建筑,但当时并未赐名。至道光十六年,天气暑热,村中众人避暑到了清风桥上,只觉清风徐来、暑热全消,故名之清风桥。② 清风桥门旁设立"下马石",此处"文官坐轿落轿,武官骑马下马",旁有石将军把守着,与村头路旁"石镜"遥相呼应。清风桥位于水口尾,因水口风大,原桥已腐蚀倒塌,现在的清风桥是2016年在原址重新修建的。

图3-11 廻龙桥全貌

---

① 任廷佐：《重建回龙桥记》,道光十六年（1836）,《高演任氏宗谱》,光绪十六年重修。任廷佐为任制鼎之长子。

② 任擢：《清风桥记》,道光十六年（1836）,《高演任氏宗谱》,光绪十六年重修。

82　　高演村文化志

图 3-12　重建后的清风桥（前为清风池）

图 3-13　清风桥门旁将军石

第三章　文化空间与文化标志物　　83

图 3-14　2018 年 12 月调查组在环胜桥前合影

据《环胜楼记》记载，任氏族人将七世祖国俊公遗留下的三亩箩灯租当作祭田，其收入充作祭祀文昌、维护桥梁之用。① 清风桥与廻龙桥的修建晚于环胜桥，其日常维护费用同样仰仗这份祭田的收入。直到现在，村民还记得当年村中有"文昌会"，是读书人的组织，祭田收入除了祭祀文昌之外，也用于维修环胜三桥。

（六）私塾与书处

在过去，高演人想要走出乡村，教育是一条重要途径，因此有条件的家庭多开办书塾教养自己的子孙，有余力者还可以支持公共书塾，泽被同族子弟。

---

① 参见本书第二章关于"文昌会"的论述。

1. 三处私塾

从家谱记载来看，清乾隆时期，高演村就至少有三处私塾。

第一处是任世尹所创书室。任世尹是七世祖敬英公的长子，一生勤俭劳作，使高演内外无不毛之地、无不耕之田。在族人安居乐业之后，任世尹感慨于"诗书之气不深，礼乐之教未习，虽丁盛家饶，其何裨也？"任世尹有三子，即日成、日亨、日旸，为促使三子读书，任世尹访求儒师，篝灯课读。在儿子考上秀才后，为了惠及孙辈，创立书室。①

第二处是任圣德所创书院。任圣德是高演任氏中兴的重要人物，他少年骁勇，少年时为家计所绊，18岁时才入学读书，很快中了案首，擢为博士弟子员。后因家计渐蹙，于是移志经商，创下偌大家产，至今高演仍流传着众多与他有关的故事。雍正十二年（1734）春，因祖母病危，任圣德放弃经商回到高演，于是"构家塾、延名师，故余族盛驰名于黉序，多食饩于天家，皆公鼓舞作人之力也"。此后高演人才辈出，多系任圣德所构家塾之力。②

第三处是任圣诰所创书院。任圣诰乃大房日成公系下长子长孙，年甫弱冠便名扬黉序，但可惜父亲早逝，学费乏资，于是圣诰便归乡务农。仲弟任圣教不幸早逝，圣诰又勉力抚育二侄，独力支撑，构堂营室、兼擅其屋，并作书院一所，教其子弟诵读，于是"咸正启后，而艺苑并门第渐高"，其后代中不乏优异之士，如任谦、任应熊、任履仁等。③ 关于圣诰所创书院，我们所知不多，仅从《祠堂图》中得知，祠堂下首土地原本也是敬英公祭田，乾隆二十三年（1758）以

---

① 包景星：《时泰公行状》，康熙六年（1667），《景宁高演任氏宗谱》，道光十六年重修。包景星，任世尹的姻眷弟，时任山东济南临邑县知县。

② 任应魁：《朴庵公行状》，乾隆三十六年（1771），《景宁高演任氏宗谱》，道光十六年重修。

③ 见道光丙寅《景宁高演任氏宗谱》中《圣诰公行实》，乾隆三十六年（1771）；任应熊《南峰公行状》。

银6两的地价售与任圣诰开设书院。但似乎圣诰书院影响不大，后再不见记载。

清末民国时期，高演村的私塾有两处，一处是环胜桥一层的廊屋，另一处是光二公支下长房房长任邦振所建的私塾。

环胜楼作为私塾的时间大约也很早，该书塾面向的是全体族众，凡族中少年子弟，家中愿送来读书的皆收。子弟启蒙后，平时大都在家自学和参加农活，月试和赴县临考前集中在书塾攻读。塾师为本族读书人，由蘸祭田租谷开支。村民传说，当年私塾先生在环胜楼里讲课，桥外有位捡粪村民经过，隔着窗子说：你字教错了。这个传说想表达的意思是，村民都能知道教书先生的错误，可见高演民众的文化水平之高。私塾的管理沿袭了旧式的体罚教育，据老人回忆，私塾墙上挂有塾规，旁悬教鞭，下有题诗："此根无情竹，打你书不熟。若为儿心痛，莫送此来读。"在修复后的环胜桥内壁，人们还原了这段题诗，但塾规已不存。任邦振开设的私塾在时间上似晚于环胜桥。至今村中老人们回忆，他们都是在任邦振开设的私塾中学习的。

据村里一位老年妇女说，1949年以前女孩子基本不读书，1949年以后基本上每个人可以读书，但也有的家庭因无法负担读书费用而让孩子辍学的情况。2002年左右，村里的小学撤销，学生上学一般在乡里上寄宿学校。条件好的，在景宁县城读书。在这种情况下，家长一般在乡里或县城租房，边打工边照顾孩子。如此一来，村里常住人口很少。不过，村民认为，相比其他村落，高演村还是人口多的。

2. 书处

除了私塾外，高演村还有图书馆。至今，老人还记得高演村曾有"书室"，他们称之为"书处"，说它由任圣德创立，是村里的公共图书馆。① 在村民的记忆中，书处为一幢二层的木结构房屋，第一层的中间房屋中放了书籍，另外两间供孩子读书看书之用。据任启财老人讲，当时不仅圣德公自己房里的孩子在这里看书，村里其他孩子也可以来看书。另外，书处还曾作为村里的私塾使用，但具体时间已不清楚，后来因为孩子较多，就把私塾搬到了环胜桥一层的廊屋里。②

（七）店廊

店廊在行宫西侧，位于高演村内南部东西向主要道路上，路旁是店面，店前建廊，两旁设有美人靠，供村民休息闲谈。过去村民在店廊这里购买日用必需品，店廊不仅是村中来往行人休息闲谈的地方，是村民信息传播和共享的中心，也是村民评议是非的重要场所。族中长者在这里评议族人、训导子弟，因此这里也是村里道德教化和道德传播的一个中心，在维系村落良好风尚、规范村民行为中发挥了关键的作用。1949 年前，店廊只是男性村民的聚会场所，女性不得从店廊经过，只能从店廊背后绕过。

图 3-15　现在的店廊

---

① 村中大部分与教育崇学有关的传说，都归在任圣德及其子任制锸身上，他们父子是高演村典型的"箭垛式"人物。

② 以上对书处的介绍综合了两次访谈内容。任启财老先生在 9 月 18 日的访谈中简单回忆了书处的情况，19 日调查组又进行了补充访谈。被访谈人：任启财。翻译：陈新民。访谈人：孙英芳。访谈时间：2016 年 9 月 18 日。访谈人：鞠熙、孙英芳。访谈时间：2016 年 9 月 19 日。

现在，店廊作为村中主路上的一个休息地，是高演村民茶余饭后闲坐、聊天的地方，无论男女均可来这里。

（八）古墓基

景宁县及附近山区地瘠民贫，墓葬大都遵循"生从勤，死从俭"的薄葬风习。高演任氏一世至五世属初创阶段，没有财力和人力建造成规模的墓葬。大约在清代中期，高演人在原简易土坟的基础上为高演任氏一世祖任纪和他的妻子，以及二世至四世开基祖先营造了墓地。古墓的位置在高演村南"木瓜坟"坐南偏西、朝向东偏北的水口。坟墓以平整的条石砌筑，有圈椅形半圆墓围、拱形墓顶和屏风形墓碑，规模不大却颇具形制。除此以外，村内多数坟墓是简易式的，依山打洞，偶有砖石拱立或砖石封面。

（九）古民居

作为守土聚族而居的村落，高演的古民居布局既相隔又毗邻相通，女眷不从村街露面也能往来。每家建筑结构多为土木结构的"三植两进二层楼"。院墙以黄泥板筑居多，大门中开或旁开，大门内为天井，井阶上为前廊，廊后平列三间，即"三植"。这三植中，楼下中间为正间，面积较大。这里也是民居内部重要的公共空间，为会客、聚宴、祭祀、工匠作业及正月跳花鼓、舞狮子等活动之所。左右两间为卧室，旧时多分前后两截，以间壁或柜箱分隔，中间可以通行。卧室一般以布帘虚掩，非至亲好友，外人不擅入。院子分为前后两进，正间正壁放香火桌，两侧有门通后面厨房。楼梯设在正壁后或左右侧墙，厕所（俗称"尿桶间"）设在外。二楼较低矮，正间楼闲置堆物，两侧为谷仓和客房，也可住未成家的子女。有的人家在天井两旁添加两层厢房，俗称"轩间"。如果是大家庭兄弟分户然而又聚居的情况，则有兄弟联建五植乃至十余植的，每户三、五植为一进院，每个小家庭拥有相对独立的空间。

还有两种民居样式，一种是富家大户住宅，叫作"四面屋"，俗称"财主阀"，为四合院结构的楼房。穿过门楼，可见门厅正对天井，天井居中有树桅杆的旗杆石。正房是五植两层，均较高敞，两厢是三植两层结构。上下两层均以烧制滴水瓦当为雨檐，泥墙内外以桐油调石灰浆粉刷，墙头饰以人物、山水、花鸟等砖雕、油灰塑或彩绘，梁柱和牛腿等处均有木雕。二楼在阁楼四周有较宽的"走马廊"。高演现存"任公祖居"是第十四世任宗蔚的居所，属于保存至今比较典型的高演"四面屋"。任宗蔚（1808—1887），字文明，号简齐，贡生，浙闽盐道官，高演乡亲们一直尊称他为盐税官太公。任公祖居坐北朝南，前庭后院，为木质二层建筑，有门楼、木质门当、青石户，中堂两侧修有轩间，檐头、门窗有精美木雕。祖居屋顶上覆专门烧制的抗风霜的青瓦。围墙内部夹茅杆，外涂泥巴、石灰、纸浆、桐油的混合物，称为"桐油浆"，牢固不易脱落。

图3-16 任氏古居门口桅杆

高演又有旧时贫困山民之"泥间"，多为外来租种山场的穷人住宅，以粗石砌基，筑泥为墙，上置梁架，覆以瓦片或树皮、茅草。大者三方间，小者一方间，每间一小窗，食宿均在其中。

但总体来说，高演村民居以第一种为多数，后两种为少数。据老人回忆，当年祠堂和少数四面屋人家还有花园，种植外面引进的牡丹、芍药等名贵花卉，繁花盛时，名动四方。至今，村内尚存清代所建宅院二处。①

图 3-17 任氏古居墙头彩绘

（十）文化礼堂

为方便村民公共活动，村中现在有三个文化礼堂，另有一在建的耕读馆，这些文化空间与村民的日常生活密切相关。

1. 村委会办公楼一层文化礼堂

村委会于 1984 年用村集体经济和村民投工投劳建起"人民大会堂"供开村民大会、放电影、演出等文艺活动所用，2015 年县财政局拨给一事一议资金 49 万元修建为村文化礼堂，并把村委会办公室搬到此处。文化礼堂共两层，二层是会议室和村委会办公室，一层是

---

① 本部分所使用资料结合了陈新民著《梧桐乡高演村落文化调查记》中民居文化的相关内容，以及北师大调查组的田野访谈资料。

演出大厅。演出大厅场地开阔，有96平方米高大的舞台，可容纳观众400人大厅，其音响和灯光设施都是近年在任启年的努力下，由县委宣传部予以配置的。这些便利的条件使得文化礼堂成为高演村举行大型活动的主要场所，近两年高演村每年春节的联欢会就在此处举办。2013年，这里获评景宁畲族自治县三星级文化礼堂，2018年被评为丽水市四星级文化礼堂，2019年评为浙江省五星级文化礼堂，景宁全县只有三所省级五星级文化礼堂。

文化礼堂门外是崇学广场，有古代先贤人物铜像群，还竖立有代表古代科举成就的进士、贡生桅杆，并新建了室外塑胶灯光标准篮球场，丰富了村民的文体活动。

2. 马仙行宫

行宫现在也是高演一处文化礼堂。行宫供殿东厢房中设有农家书屋，里面摆满了图书，读书室每天开放，村民可经常来看书。西厢房是党员活动室。沿着天井的走廊布置有村情村史展览和农耕根雕文化展示区。此文化礼堂保留着行宫的舞台，是村中演戏的场所。现在行宫里还增设了崇学讲堂、清廉十佳村居宣传牌等内容。

图3-18 "人民大会堂"

第三章　文化空间与文化标志物　91

图 3-19　新修文化礼堂

图 3-20　文化礼堂内景

图 3-21　崇学广场

3. 老年活动中心

1978年，摇摇欲坠的祠堂建筑被拆毁，村民在原址上修建了村小学。2003年小学被撤销后，学校原址成为村委会办公室。近两年村委会迁址后，这里又变成了老年活动中心，同时也是村中一个综合性的公共文化场所，里面设有乒乓球室、棋牌室、演出排练室、卫生室、邮局、宣讲室。室外空地安装有健身器材，供村里老年人健身锻炼，这里还开设了道德讲坛。人们始终记得祠堂曾在村落生活中的核心地位与神圣功能，至今每到重大节庆，村民聚餐仍在祠堂广场中进行。

4. 耕读馆

2021年，高演村在村供销社旧址上开工建设耕读文化展览展示馆。按照规划，耕读馆共分两层：第一层在入口处介绍农耕文化。前

第三章 文化空间与文化标志物 93

图 3-22 老年活动中心（祠堂旧址）

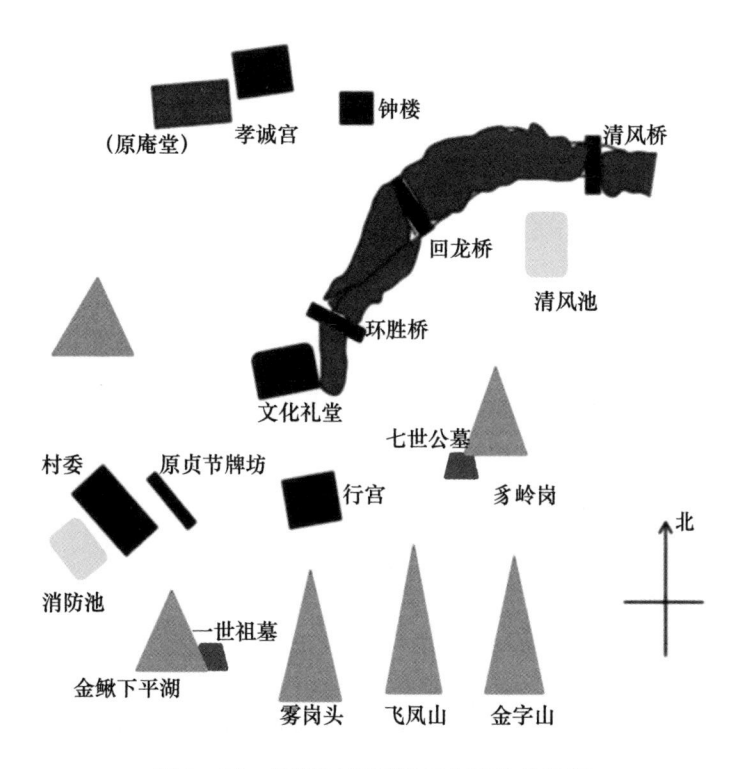

图 3-23 高演村平面图与主要公共建筑

庭做叠水景观池，并放置休息座位。大厅摆放讲桌及课桌，使得来者可体验旧时私塾。大厅两侧还设有图书阅览区、会议室、休息室等。在后庭花园设置耕具展示区，展示高演村历代耕读实物。第二层设书画展示区，陈列高演村历代的书画作品、奖励物品、生活照片、古物玩件等。耕读馆还将设置耕读体验生活馆，请村中能人向来访者教授书法、根雕等技艺，充实人们在茶余饭后的文化生活。

现在高演村的几个文化礼堂依然是村民最重要的公共活动场所。在这里，村民进行着新时代的文化活动，在继承优秀传统文化的同时，更注重充分发挥集体的作用，不断提高村民科学文化知识水平。

第四章 村民的时间生活

高演地处山乡，人们对自然物候的感受格外敏锐。四季轮转、周而复始，高演人在一年重要的时间节点都有应时当令之行动。步入现代社会后，一方面，一些传统岁时节日被赋予了新的内涵，继续构建着人们当下的生活；另一方面，高演人也在尝试发明当代文化节日，以多彩的节日活动阐释高演的自我认同和自我期待。

一 传统岁时节日

传统的岁时节日与农村的耕作生活息息相关，人们顺应天时和物候的周期性轮转，在日常生活中形成了各种约定俗成的风俗活动。旧时高演一带的山村农家尤重岁时节令，多有应节食物和活动，妇孺乐此不疲，称为"过节气"。无论是节令食品、集会活动、神灵祭祀或是娱乐玩耍，人们都在共同体中感悟时光的流转，形成生活的节奏。

(一) 忙年与过年

忙年从腊月二十三开始，从这一天开始准备过年的东西，俗称"过年边"，比如扫房子、打年糕、祭灶等。这一天家家户户采集竹叶、柏树枝捆扎起来，打刷房梁以及周围的灰尘，名曰打尘（陈），有推陈出新之意。小年夜还要祭灶，据说这一天，天上值日星君会到各家走访，将人间善恶查明上奏天庭。人们在灶台点烛燃香，果盒里摆上糕（高）、桔（吉）等时鲜果品，寓意步步高升，平安吉祥。当"锅灶佛"（即灶王）看到人间摆着时鲜糕品时，会向玉帝奏明人间真高吉。

除夕夜要吃年夜饭，称为"吃隔岁"。做好饭之后要先设案祭祖，俗称"辞年"。此时村街少有闲人，偶有走动亦过其门而不入，气氛肃穆。祭拜完太公太婆，饭菜摆放半个小时，待放炮后就可以撤了。除夕夜所有房间、廊道、灶台、床架、牲口栏圈以及主要器具皆贴红纸条，预兆发财。举家欢聚夜宴，必说吉利话讨口彩。高演除夕夜还有一件大事，就是去孝诚宫抢头香，要抢先去，带的祭品必须有年糕、糍粑和六杯酒，讲究不摆茶，酒菜必须成双。烧纸和摆祭品的为同一人，一般由女性来做，这个习俗一直持续到现在。

大年初一俗称为"大初一"，这一天人们在凌晨吉时竞相大开中门鸣放鞭炮，以纳新年瑞气。高演大年初一家家户户要在中堂"拜正颜"，祭拜的是自己的任氏先祖，"正颜"意为太祖的画像。根据陈新民的调查，高演轮到奉香火拜正颜的人家大年三十要接香火挂正颜，初一由家庭成员祭拜，初二、初三房族子孙需要去挂正颜的家中祭拜，主家泡茶作揖放鞭炮接待，子弟们拈香烧纸行拜礼后离去。随着时间发展，烦琐礼节已经废除，但拜正颜习俗依然存在，持续时间为大年初一到初四。① 到了初一夜里，传说老鼠要嫁囡，因此家长会早早地安排吃晚饭，打发小孩子早早睡觉，意在告诉孩子们不要惊扰老鼠，未来一年老鼠也不会打扰家中小孩。大年初一的禁忌有：不串门，不操刀剪扫帚，不泼水于地，不讲凶恶晦秽之语等。

从初二开始，人们开始走亲戚、跳花鼓、舞狮子。初二女儿回娘

---

① 陈新民：《梧桐乡高演村落文化调查记》，梧桐乡综合文化站编《梧桐群众文化特色村》，2011年，第10页。

家，亲戚互相之间开始拜年。花鼓和狮子也开始挨家挨户地表演起来，表演时需要先祭拜地头神，再进行表演。花鼓戏又唱又跳，以女性为多，讲究"花鼓来是送平安，花鼓去是保太平"；舞狮表演以男性为主，多为下午或晚上开始，主人家需要给一定赏钱。表演结束后，也要先行祭拜当地庙宇和地头神之后才能离去。这两种表演基本持续正月十五左右结束，"文化大革命"时期暂时中断，现在如果有店里开张等活动，也会请他们来表演。

（二）元宵

高演元宵节期间要耍龙灯，俗呼驮龙，也称桥灯。灯由各家带来的板凳串联而成，一节板凳上按照家中人口安装灯笼，称为一桥。灯谐音"丁"，添灯即为添丁。村民对耍龙灯非常踊跃，各家齐心协力结成一条长龙。龙灯正月十二日出灯，十五夜圆灯，周游本村及邻村田场、人家、庙宇、水口等处。

（三）二月二

二月二，高演村有吃年糕的习俗，年糕是过年时特意剩下的一块，吃了这块年糕就表示度过正月。另外，正月时人们一般不剃头，到了二月份才开始剃头。

（四）二月十五

1949年以前，二月十五和八月十五的时候要办祭学羹，也就是祠堂酒。这一天，人们首先去祭拜祖先，然后吃酒宴、分胙肉。参加祠堂酒宴饮的人员全部为男性，分耕读两途。外姓女婿、典妻的人、作风不好的都不能上祠堂。耕者年满40岁可以参加，要求必须是孝顺父母者；读者要庠生资格才可参加。参加聚会的座位有讲究，上首3桌，每桌坐7个人，中桌上位要族长独坐，东面桌子是要年满70岁且三代同堂的人按照年龄最长来坐,西面桌子是读书人中功名最高的人来坐。其余人按房族、辈分、功名等顺序就座。来参加聚会的人都能分到4两酢肉,族长可以独享两斤酢肉和一个羊头。这次聚会的开支从公田出,羊有专人喂养,也属于公共财产。

在祭祀之后还有舞龙的活动,龙是板凳龙,有雄雌之分,路线是从祠堂出发,沿着本村周围的山路绕境一圈最后又返回祠堂,一般走一圈需要两三个小时。

(五)清明节

清明节前三天或者后四天的时候要根据日历选择合适的日子祭扫坟墓,村里不分男女都可以去上坟。以前讲究墓祭要杀鸡杀羊,还要做清明果在返回途中分发给遇到的人。过去上坟多烧纸,后来为防火需要开始贴纸,也就是用石头把纸压住,近几年又开始流行鲜花祭拜。清明节当天晚上,还需要用六酒六菜来祭拜祖先。清明节的应节食品为"蓬腌",是一种蓬叶和米粉混合的炊饼,分咸、甜馅两种。2016年,村里修复了第一任太公任纪的墓,村委号召村民回来进行大规模的祭祖活动。这次祭祖活动发动族众进行了捐款,所得善款用来修家谱和孝诚宫。

(六)立夏

立夏日的应节食物为立夏糊,农户将大米泡浸磨浆,用文火调成糊状,又采竹笋、麦豆、香菇等作佐料。民谣有"吃了立夏果,屁股就发火"之说。

(七)四月八

四月初八本为浴佛日,但当地人在这一天过的是"牛生日",要制作"牛吃馒头"(米粉蒸饼,人和牛都可食用)。旧时高演有"清禾会",主要成员为村里的养牛户,有会田 5—10 石谷。在四月初八这一天,清禾会集合会员聚餐,并操办仪式。

(八)端午节

端午节包粽子,挂菖蒲,有俗语"吃了端午粽,洗浴不肚痛"。高演村人包的粽子大多是四角形的,有晚稻做的粽子和糯稻做的粽子的区别。晚稻粽一般包肉,并且放上炒过的干菜,糯稻粽要将米浸泡在调入树叶灰的开水中,直到米变成红色,不加馅。另外,还有一种特殊的粽子叫作丁粽,一般是男性来吃。人们在包粽子的时候有的粽子会包上纸,有的会包上小粽子,吃到小粽子的话有早生贵子的意思。高演人流传,端午节的故事和伍子胥有关,传说伍子胥死后被扔到江里,人们为了不让鱼虾伤害他的身体,故意投喂粽子,久之成为一种祭祀仪式。

图 4-1 高演的包粽子比赛

（九）六月六

俗传六月六是一年里阳光最毒辣的一天，这天的阳光能除虫去秽解毒。高演六月六是妇女的节日，旧时村里有六月六会，全由妇女组成，有会田5—8石，凡轮值会田的家庭，当年由其家主妇办会。在这一天，妇孺用孟盆盛水晾晒后，相伴入室沐浴。

（十）白露

景宁一带的村庄多在白露节气修整通往四个方向的道路，路段划分由村际约定俗成，代代相沿，高演的修路活动也不例外。秋收之前，为了方便收获和运送粮食，高演四房分别出人整修路岭、吴太山、坑底洋、东源岭四条道路，修路活动一般都选取白露节气前后的日子，持续五六天的时间。"秋季到了，要打谷子。白露这个节气，草都长起来了，路都找不到了。农村的谷子都是用麻袋装的，你不把草割掉，刺就会在麻袋上钩上洞洞，不好行动。劈路之后才好打谷子。"[1]

高演专门设立有四个路会负责组织修路，因为他们多在白露日活动，故也称为"白露会"。路会活动时，每组有十几个人，会里的壮劳力都要出工，如果某户长辈去世得早，家中的小孩也必须很小就参与修路。修路当天饮食由当年轮值会田的人家负责开支，各户妇女只参与做饭。长期以来，村民对村里的道路产生了深厚的感情，每年都积极参与。1949年以后，村里按生产队分为七组分别负责维护几条出村道路。在村里没通公路之前，修路是大事，总是由村委负责召集。但自从通公路之后，小路荒废，再也没人维护修路，于是村民自

---

[1] 被访谈人：任传齐。翻译：任妙琴。访谈人：朱霞，王宇琛、关静。访谈时间：9月19日。

发组织起来，每年仍然在白露日招呼大家修路，2016 年，高演村民自发修好了路上破败的凉亭。

图 4-2 村民照管已经废弃的山路

（十一）七月七

七月七是马天仙诞辰，俗称"马仙节"。1949 年前高演人七月七有在孝诚宫祭拜马天仙的习俗，当天会请道士做法事，还会请文成的戏班子过来演提线木偶戏，内容为薛仁贵征东征西等。演出持续三四天，周围小村的人都会聚集过来看戏。同时，七月七还是迎神会的开始，在这一天将由道士卜卦，选定吉日以迎神。据任传齐老人说，七月七单有会田，有十多石，并不与迎神会相混。① 我们推测，可能村中有专门为筹备此日仪式而成立的社会组织，与迎神会之全村动员并

---

① 被访谈人：任传齐。翻译：任妙琴。访谈人：朱霞，王宇琛、关静。访谈时间：9 月 19 日。

不相同。

（十二）七月半兰盆会

即七月半鬼节，为超度游魂而设。这一天的仪式相当重要，需要同时准备鬼吃的和人吃的食物，人吃的食品是"米做的馒头，芝麻馅子"；给鬼做的食品需要"晚上烧好了稀饭，一碗一碗倒在街上让它吃"。[①]

兰盆会仪式所需粮食从会田中支出，会田约有20石。

（十三）八月十五

米糕和月饼是中秋节重要的应节食品。千层米糕是将米放到机器里面磨成粉，倒入蒸笼整熟，十几分钟以后，再倒第二层，第三层，一层层重叠而成。中秋之夜，备月饼、米糕、时鲜水果，一家人团坐赏月，享受美满的天伦之乐。当地还流传有八月十五"偷果子"的习俗，人们认为这一天小孩子们偷树头果子不算偷。八月十五亦有办祭学羹、舞龙等活动，与二月十五内容相同。

（十四）重阳节

2015年重阳节，村委召集60岁以上的老人共一百多人在老年活动中心吃饭，吃饭的费用来自国家给拨的经费。从此以后，重阳节敬老聚餐成为高演新时期的村落节日。在这一天，村里还会筹办一些活动和小展览，并请人表演节目。表演队的人以热爱广场舞的中老年妇女为主力，大都是熟悉的关系好的人，演出结束后会送给表演人员一些番薯等农作物作为答谢。

[①] 被访谈人：任传齐。翻译：任妙琴。访谈人：朱霞，王宇琛、关静。访谈时间：2016年9月19日。

（十五）冬至

冬至又称冬节。冬节来到，一是为了庆贺当年作物已丰收，二是为了在冬至与亲人团聚，高演村家家户户用登场的新米做糯糍。当地人认为，冬节动祖公坟无须相日子，因此有些农户还在冬节修整祖坟，上祖坟扫墓等。

二　当代文化节日

如果说高演的传统岁时节日是对自然和社会节律的传承与赓续，当代文化节日就更多体现出现代人的主观能动性。高演人举办崇学向善文化节和乡村春晚，重拾村落传统文化，表达出对村落历史的认同，以及创新方式、振兴家乡的意愿。

（一）崇学向善文化节

2012年，梧桐乡政府倡导社会各界人士投身家乡文化建设，在外的梧桐籍人士积极响应，6月24日发起了以"增进同乡情，关注家乡事"为主题的"常回家看看"活动。为了弘扬崇学文化精神，以任启年牵头的乡贤团队成立梧桐乡"崇学向善"奖励基金，每年颁发崇学奖和向善奖，并举办一年一度的"崇学文化节"。

2016年，因高演村的崇学向善工作相对突出，无论是理事会成员还是捐款数额，任氏都占据了很大比例，因此第四届崇学向善文化节定在高演举办。在村民参与策划下，9月20日文化节当天安排了丰富的活动项目。高演村地形为高山盆地，周围环境优美，公路顺畅，且专门规划有骑行比赛线路。高演利用这一优势，在文化节开展自行车大赛，吸引了不少骑手参赛，间接宣传了高演、提高了知名度。文化节当天，高演还基于自身的传统文化资源，推出打麻糍、婆剧表演、摸田鱼、打泥巴等特色文化活动，吸引了中青年、儿童、老年等不同年龄层次者的积极参与，展示了当地民风民情。

（二）春晚

高演村本就有喜爱唱戏、看戏的传统。2014年，任启年和任阆珠各捐助部分费用，为村里请了戏班子过来演戏，引起了全村轰动。2015年开始，村里负责出钱，乡文化站陈新民等人负责进行艺术文化指导，村民开始自编自导自演联欢晚会。这一年，村民排练了当地民间故事"瞳囡买鸡蛋"，在梧桐乡和景宁县都获得奖项。2016年，村民在陈新民的带领下，重新编排了高演地方传说"十八九贡"。乡村春晚丰富了村民的娱乐生活，促进了村民自我教育与自我养成，无论对于弘扬优秀的地方文化，还是寓教于乐地进行思想教育，都发挥着重要的作用。

图4-3 文化节上的摸田鱼活动

图4-4 2019年高演村乡村春晚

第五章　村民的仪式生活

在村落这样的微观社会中，仪式是必不可少的。仪式能够纾解社会生活中出现的紧张状况，加强人与人的聚合，形成一定的人际秩序。可以说，高演人生命中所有的重大事件都离不开各种仪式，仪式构成了人们生活的重要内容。

一　社交仪式与规约

高演的一些仪式客观上促进了人与人之间、村与村之间沟通交往，迎神会和求雨都属于此类。劳动互助以及用水合作虽然缺乏明显的专属仪式，但同样起着协调人际交往、约定资源分配的作用，为了行文方便，一并归入此部分。

（一）迎神会

高演迎神会的文献记载最早见于道光年间，但迎神一事有可能远早于孝诚宫建成的时间。《景宁高演任氏宗谱》中《马佛田》一条记，"高演惟予一族居址，始祖即已设立迎奉"，而自一世祖任纪公所遗下的50秭祭田中，有20秭就是用于佛首办迎神之会的。[1] 但可

---

[1] 《祠田》，《景宁高演任氏宗谱》，道光十六年重修。

惜除此之外，再不见明代已有迎神会的记载。有据可查的是据《孝诚宫记》载，至少从乾隆年间开始，每年白露降后，择吉演剧，马仙神舆未出宫之前，先在孝诚宫中演戏，然后奉迎神驾至村中，继续演戏，四天四夜后再回到孝诚宫。①《鼎建马仙行宫记》中也记载，历年白露后，村民迎马仙銮舆出宫，在行宫中演戏三昼夜，即秋赛之义。② 这一习俗一直持续到1949年。据村民回忆，白露后，由佛首主持迎神。大房子孙任启财说：佛首一职只在光一公支下世尹公、世浩公、世旭公三房中轮值，但事实上，据道光十六年宗谱中记载，"始祖祭扫，因本村均属一姓，所以历与迎神值年兼轮办祭"③，也就是说，历年迎神的佛首也就是当年祠堂祭祖的轮值者，理应在四房之内轮值。

逢轮值年，佛首负责安排马佛田耕种与收获，清点祭资以用于迎神。至七月七日马夫人诞辰，由道士在马仙宫掷跤择吉，早不过七月七、迟不过八月十五，全村举行迎神会。由全村村民组成的迎神队伍先到马仙宫，举行隆重的全猪大祭，然后抬上马天仙、李九公和何八公的神像，从马仙宫出发，先到清风桥，再到佛田，然后到廻龙桥、环胜桥，然后再到路岭头上的白鹤仙殿，再到木岗头、岭头坳，然后到小马仙宫放下神像、摆上祭品进行小祭，再到马仙行宫演戏祭祀三天三夜（一说五天五夜）。大戏一般请景宁县何庄、英川等地的地方戏班子来演出。剧目有樊梨花、薛仁贵征东等，主要表达"忠孝节义"的主题，在大戏期间也穿插花鼓戏和木偶戏，内容不一而足，但也大多表达忠孝节义的思想。回舆时经底街—外街—寨门大垣—岭头坳—瓦窑坪，在瓦窑坪要进行祭祀，然后再到钟楼，最后回到孝诚宫。在整个迎神会过程中，首有旗幡，其中两面大旗上分别写"宣封

---

① 任观益：《孝诚宫记》，《景宁高演任氏宗谱》，道光十六年重修。
② 任观萃：《鼎建马仙行宫记》，《景宁高演任氏宗谱》，道光十六年重修。
③ 《祠田》，《景宁高演任氏宗谱》，道光十六年重修。

护国""马氏天仙";次有村人自己组成的吹班、丝竹班奏乐以壮声威。各房支以家庭为单位,在街道上设祭桌,拦街求福。①

迎神会期间连唱大戏,周围四村八寨的亲戚都会在这一天来到高演村,村民家家户户用本村登场的新米招待亲戚。如果当年稻谷还没有收成,则用早熟的稻谷制作炒米。据任妙琴回忆,炒米待客显示了对神的敬意:"村民人非常虔诚。今年八月十五都过了,稻谷还没收成,这几天还没割。七月份的时候更没有,谷穗还没有下垂呢。那个时候搞迎神,那么多客人来,家里都没饭吃了。没饭吃了咋办,有早稻的啦,把垂下去黄了的一点点,去捋下来,放到锅里去炒,炒干了以后,没太阳,晒都晒不出来,炒半干了再放到太阳下晒一下,再打出来米,拿出来放下去米煮饭。很多亲戚叫来了,总不能叫人家吃番薯丝。晒干了再去脱谷,给客人吃和供神。多虔诚!"②

迎神会也是高演这一深山村落与外界贸易相通、亲情来往和交流信息的最佳时机。盛会期间,商贩辐辏山村,人们趁此时机谈生意,换取生活必需品,共享信息,乃至议定婚姻大事。所以每年的迎神会成为全村一年当中最大的节日,甚至比过年还红火。

20世纪50年代以来,随着会田会山的消失,迎神演剧活动也自行终止。70年代后期至90年代初期,景宁的一些深山村落开始重修庙宇。迄今,高演并没有恢复迎神,但也有选择地从中发掘一些娱乐性、展演性文化活动,为古村落保护和乡村振兴注入新鲜血液。

(二) 求雨

如果说迎神会是通过内聚性的行为,确定了高演的村落主体性的话,那么求雨活动则具有更突出的村落联合体的性质。

---

① 迎神仪式主要根据任启财回忆。被访谈人:任启财。翻译:陈新民。访谈人:孙英芳。访谈时间:2016年9月18日。

② 被访谈人:任妙琴。访谈人:朱霞、王宇琛。访谈时间:2016年9月19日。

据任传贵回忆，由于高演村一带多以种植水稻为生，但地势较高，地下水不多，故对雨水较为依赖。每到天旱时，附近村落多组织祈雨。求雨仪式不只在一村中举行，而是将本村神像抬出，去南边某神庙中祈雨。由于年深日久，究竟是哪座神庙，我们尚未得知。马仙娘娘是村落守护神，其神像不会被抬出求雨，而何八公本来就是以求雨而闻名的道士成仙，因此一般是抬何八公神像出村。凡求雨队伍所过之村，都要打醮做法事，以供神灵。外村神灵经过高演，村里道士也会在孝诚宫作法祈雨。可以说，求雨仪式反映出高演村的地区意识，通过这样的仪式，他们深切感受到自己是本区域中的一员，与周围其他村落共享同样的自然环境与土地，村落之间的命运休戚与共。

（三）盖房、收割等活动的互助

高演的老房子是木结构，再加上高演气候潮湿，很容易遭到白蚁蛀空。在高演人缘好的人，房子倒了，朋友都会来帮忙盖房，现在依然如此。关系好的村民之间，帮忙者不但不收取任何费用，连饭也不吃主家的。高演村前妇女主任告诉我们："去年我房子倒了，朋友回家吃饭，到这里帮我打工，那个房子几天就搞起来了。像我这样是会帮我的，那些天天跳舞的妇女，我要是生病了，她们到我这里，我事情她们都帮我办。"[1]

在生产收割上，现在也存在"我们是朋友，你帮我拔，我帮你拔"[2] 这样的互助形式。历史上高演这方面的互助情况我们所知不多，但是在高演临近的大漈，过去存在亲族内部局部的互助，"换工有是有的，就是我帮你你帮我，那是亲人之间的"[3]。

---

[1] 被访谈人：任小月。访谈人：朱霞、王宇琛。访谈时间：2016 年 9 月 17 日。
[2] 被访谈人：任小月。访谈人：朱霞、王宇琛。访谈时间：2016 年 9 月 17 日。
[3] 被访谈人：任一文。访谈人：朱霞、王宇琛。访谈时间：2016 年 9 月 18 日。

（四）用水的合作

高演的田地分为湖田和山田。湖田位于村落的盆地位置，使用湖水灌溉，土地肥沃，被称为"三个金圆盆"。村民在"金圆盆"里培植秧苗，因此这里也是高演的秧田。秧苗长起来后，拔起洗净，再插入周边的山田中。山田的地下水资源不如湖田丰富，全靠雨水灌溉，因此在协调用水的过程中，高演村形成了约定俗成的分配办法，长期以来大家心知肚明，互相配合。

村民说，高演的田与水都是由祖上搭配好的，哪块田怎么用水均有定制。"一般水头过来，田也比较窄，不是大片田。划分出来自己有个小水源搭配着。如果上面是一条小坑，小坑下来，祖上就是说，这个水头是你的，那个水头是他的，已经分好了。"[1] 因此，如果一条水道流经多片田地，水资源能够得到最大程度合理分配，其内部规则叫"先干三天"。"如果上面总一个水头出来，我们道理是有的。刚浇的时候，顶尾巴的田肯定要先干，上面的头后干三天，最里面后干三天。排位排出来，如果你水积累太多了，人家会给你挖掉的。"[2] 这意味着，由于上游天然有灌溉优势，下游允许上游灌溉更丰沛。水尾的田主允许水头的田主先行浇灌田地，上游的田浇够后，再把水引给下游继续浇灌。但晒田时，水尾的田干三天时，水头的田也应当干了。如果水头没晾干，那水尾的田主有权把水头的田拔开，给自己的田引入水源。如果上面的水也很少，水尾的田主也不会主动去采水。"上面是满的，我这里尾巴的可以上去采。如果上面只有一点点水，我是不会去采的。"[3] 如果"水头灌自己的丘田灌满了，不往下走，

---

[1]　被访谈人：任传贵。访谈人：朱霞、王宇琛、关静。访谈时间：2016年9月19日。
[2]　被访谈人：任传贵。访谈人：朱霞、王宇琛、关静。访谈时间：2016年9月19日。
[3]　被访谈人：任传贵。访谈人：朱霞、王宇琛、关静。访谈时间：2016年9月19日。

那就有纠纷"①。但事实上这样的情况比较少，偶尔因水源发生纠纷的话，依靠同宗的关系进行口头劝诫就可以完成调解，不需要国家行政力量介入。"（如果有人特别自私，把水放多）那样子的也有，不多。人讲一下，他也不敢。都是一姓人，讲话比较好讲。"②

二　人生仪式

诞育、婚姻、过寿、死亡标志着一个人生命历程的重大转折。高演人相信，举办相应的仪式能够帮助人顺利通过当前的生命阶段，实现人生角色的转换。在高演人生仪式的实践当中，又交织有信仰、服饰、饮食等民俗，体现出浙南山区独特的民风民情。

（一）丧葬仪式

白事是一项耗时耗力的大工程，"一家人的白事要磨上好长时间"。具体程序与仪式内容如下。

称呼。人去世了叫人老了。

棺材与墓碑准备。五六十岁以后，挑选合适的年份，就可以准备棺材和买墓碑了。这一方面是为了老人长寿，另一方面也担心临终的时候因为仓促找不到好棺木。最好的棺材叫作四块头（一棵杉树劈开为四块），还有八佾木、十二块等。老人的棺材一般做的厚一些，年轻人是薄棺材。墓碑方面，一般是人去世后立墓碑，人健在就立墓碑的情况也有，称为生基，里面是没有人的。立生基的原因很多，有的是担心死后慌张，有的是为了占住风水。

报丧。去世之后，要叫亲人去报丧，以前是赶路人报的，现在都

---

① 被访谈人：任传贵。访谈人：朱霞、王宇琛、关静。访谈时间：2016年9月19日。
② 被访谈人：任传贵。访谈人：朱霞、王宇琛、关静。访谈时间：2016年9月19日。

是电话通知。

衣着。孝子穿麻衣，头上戴斗笠，里边有白帽，意思是父母去世天塌了，见不得天了，出殡完了才可摘下。女儿、媳妇是基本一样的，头上戴三角帽，出殡时候要打黑色的伞，和斗笠同意；穿白衣，媳妇必须全白，女儿可以只是白衣白帽。孙辈帽子上贴红纸，玄孙第四代就戴红帽。下葬完就可以换了。

丧葬方式。高演村曾长期实行二次葬。首先要根据死者的生辰，选定好棺木的搁置方向。接着在自家地里用瓦片搭建一个简单的遮蔽建筑，叫作阴亭，将盛有遗体的棺木暂时放置在阴亭中。家人在三年之后的冬季择一吉日，由当地人称为化骨先生，也叫捡骨先生，将死者的骨头收起来放入一个泥罐里，选一个好日子，挖一个圆拱形的洞，经过一定的仪式，把泥罐埋入事先选好的地点。

买水。买水需要孝子在亲戚的陪同下完成，到了河边要烧香、烧纸献祭，用一个干净的脸盆或者水桶取水，挑回来给死者擦洗身体。取水的方位没有特别要求。

殓尸。擦洗之后要把五个灰粽放在死者手中，还要放桃树枝做的鞭条，传说灵魂上天的过程中如果遇到狗之类的凶猛之物阻拦，可以把灰粽子撒给它，扫除障碍。入殓不分早晚，要根据时辰来，棺材要留条缝，出殡的时候才钉死。入殓时候，必须保持鼻梁在正中间，在头下面垫砖头，棺材里如果是女性需要放上梳子，男人则放上烟斗。入殓之后，道士主持仪式，劝灵魂上天。现在也有一些丧主不请道士请洋鼓队，表演一些自创曲调。

出殡。出殡前要提前挖好坟，挖坟的人是自愿去帮忙的。出殡时，需要"六天王"，也就是4个50岁以上人抬棺材上山，这项工作不能指派给年轻人，因为可能会折寿。出殡时自己家人在前面走，一路撒纸开路，好让去世的人能认识回家的路。以前50岁以上过世和意外去世的人出殡时，棺材上还会盖一个红布，上面放一只活公鸡，叫长生鸡。丧主把公鸡放进坟洞里，仪式结束后，再把鸡带回自己家养起来，这只鸡只能给别人或旁系吃，自己家人不能吃。

烧纸。停灵烧纸一般在庭院中堂。如果有人来烧纸，儿媳妇需坐在旁边跟去世的人说，谁谁谁来看你了。

礼薄。红白礼薄都叫贺喜簿，红事用红纸，白事用白纸。再早一些，是用一个白纸本，将"贺喜簿"三个字贴到封面上，如果白事就用白纸贴，红事就用红纸贴。

上坟。人去世之后前三年是新坟，清明节不必祭拜新坟，三年之后可以祭拜。第一次去叫作叫坟，要挑一个猪头和一些菜到坟上，然后开叫。

儿童去世。小孩子死了不埋，要用树皮包起来，放在山头。所以，骂人有一句话叫树皮包，也叫草席包。

办白事需要大量劳力的协助，第一体现在墓穴的挖掘。单是这项工作，就需要几十个人，用特制的直锄头才能完成。第二体现在抬棺的环节，需要当地人俗称"六大将"，也就是六个力气大的男性来完成。"前面横杠两个人，后面横杠两个人，前后各有一个竖的杆的人"。[①] 除了抬棺，需要亲子在两头扶棺。第三体现在锣鼓吹拉，这项任务需要七八个人。第四体现在宴请道士，一场丧事起码有一位道士超度念经。在过去，白事不属于公益事业，因此族长房长不过问，主要依靠乡亲互助。亲族以及异姓但关系较好的乡亲都会赶来协助。

（二）诞育

诞育礼仪包含求子、怀胎、生产、三旦、满月、周岁等一系列的生养过程。在这一过程中，村落内部的女性互助是必不可少的，我们从以下诞育习俗中就能看出这一点。如果缺少年长女性的协助，光凭

---

① 被访谈人：任妙琴。访谈人：朱霞、王宇琛、关静。访谈时间：2016年9月19日。

年轻母亲是不可能单独完成诞育的全过程的。

求子。任妙琴家族三代接生婆,据她介绍,农村人想要求子,尤其是求男孩的话,一般有以下几种方法:一是抓草药。她认为草药的主要作用是促进阴阳协调,因此,男女都可通过草药调理。女性一般体寒湿重,应该吃祛湿强体的药物,男性的话可以补充肾阳,比如说鸡汤、韭菜、杜仲等,村里中医店一般有二两半、五两半、七两半的药酒,也是用来补充阳性的。任妙琴还举出一个例子,"大漈有个女性身体弱,一直不能生孩子,她父亲每天让她喝药酒,调理了一段时间之后,连续生产了四个男孩"①。二是庆云庵求子。三是老水井求子。前面曾提到,村中有位女子献祭水井求子,之后生双胞胎认了水井为干亲。但是对于后两种方法,任妙琴是怀疑的,她说,可能是恰巧将身体调理好了,或者是心理作用促进了怀孕。

生产。任妙琴从接生婆的角度讲解了生产过程。过去农村主要是顺产的办法,在产妇自己生产困难的时候才会去请产婆。产婆一般会提前准备接生包,包中装着用开水消过毒的剪刀、酒精、药棉等。产婆到了之后,会通过调节产妇呼吸促进生产。遇到难产的情况,会利用一些工具,调整产妇生产姿势,通过借力的方式促进顺利生产。但是农村妇女劳动强度比较大,任妙琴回忆说没有听说过有难产和大出血的情况。万一大出血的话,长辈们曾经说过山里面有一种草药有止血功效。不过,近十年来产妇生产都选择去医院,几乎没有用农村的土办法生产的了。

处理胞衣。生产之后留有胞衣,农村人一般将之埋在自己家地里,女孩的胞衣埋在一块大石头下面,男孩的要埋在田头。胞衣晒干之后是药材紫河车,有的人会买胎盘胞衣给身体弱的产妇吃,到了90年代以后,也有人会去医院里找回来给老人滋补身体。

---

① 本部分根据贺少雅对任妙琴采访的诞育习俗整理。

报喜。顺利产子后，主家先准备好一个贴着红纸的吊篓，里面装上喜柏和吃的，象征长命百岁、红红火火，然后携带此篓去女方家报喜，顺路把丈母娘接到家中住几天。丈母娘去的时候一般会带一些女儿坐月子所需之物，包括几十斤米酒、数只公鸡、衣裤等。

坐月子。在坐月子期间，产妇都是吃苦益菜、干菜，加米酒、红糖喝，又暖和又能活血消炎。饮食上的诸多禁忌包括不能吃寒性的菜，不能吃水果、青菜，不能吹风、碰水、洗澡。当地很讲究坐月子的女性要喝米酒，早饭吃饭之前，要先用小锅热酒，做溏心荷包蛋。

做三旦。孩子出生第三天要做三旦。过去，做三旦的活动包括以全鸡、条肉、米馍、茶、酒等奉香火，煮艾汤为产妇擦拭身体，以及煮红蛋分给邻里小孩。这一天晚上还要请亲戚朋友来家里吃饭。现在的仪式有了变化，三旦，要先用伸筋草、桑树枝煎好以后给新生儿洗澡，之后抹上茶叶籽榨出来的清油在小孩全身上下各个地方均匀地擦一遍，以保证孩子的皮肤滋润不干燥。

满月。满月要剃满月头。

百天或周岁。婴儿百天或者周岁主家会请亲戚朋友喝酒，现在还要照相留念。外婆要送金银做的锁、小锤、八角铃、项圈等，祝贺长命百岁。还要做一种可以挡住耳朵的棉帽子，帽子边沿有一圈指头大的银佛。周岁姥姥和奶奶都会送鞋子，称为"过周鞋"，一般至少两双，上绣喜柏图案。

幼儿养育过程中，可能还会面临一些问题，都需要专门知识来处理。比如，如遇小孩夜啼的情况，可将盐炒热包起来放在肚脐旁边，或者将手搓热给孩子暖肚子。如果孩子因受惊啼哭，农村会在小孩的帽子中写一种经文来止哭。在小孩的口腔护理方面，小孩吃奶的时候舌头嘴唇会变白，老人讲究用黑布泡开水之后擦拭，因为黑色是凉性的，可以中和白色。有的小孩哭闹特别厉害，不好养活，则根据姓氏、生辰八字、属相、五行相生等认干爹干妈，也有认水井、樟树等做干亲的，认了之后就要经常来往，干亲家的红白喜事也会参与。

最后，任妙琴讲到了诞育礼中的特殊问题。比如，小孩早夭的话，村里会有专人负责处理这种情况，将孩子包好以后趁夜晚提到山上，挖一个小坑，用刺杉树苗、破簸箕盖着，人们遇到了就会绕开走。女性流产的胎儿，处理方式也和夭折差不多，但是一般自己处理，不会请人来做。

（三）婚姻

婚姻也是高演村民的大事，除了家庭成员，有时甚至需要全村人协助。其程序与仪式如下。①

订婚习俗。定亲称为"插记"，也就是行初聘之礼。媒人带领男方家主与女方家长议婚，认可的话，则交信物为插记就此许定，信物以前一般用戒指一只、银元四块、茶叶一包，旧俗谓"好女不喝两家茶"。到八九十年代，根据郑爱兰老人讲述，那时候的定钱是几百块钱，还要准备半片猪来给女方办酒席用。② 现在要彩礼、项链、戒指、房子，大大小小算下来得十几万，定亲宴也多在酒店举行了。③

结婚时间。从订婚到结婚之间的时间长短没有明确规定，有隔一两年的，也有年头订年尾结的。以前结婚时间多选在冬天，因为冬休以后粮食够吃，现在是择良辰吉日即可。

行聘礼。"送定"即行大聘之礼，要选择吉日。过去富户的聘礼品类丰富，讲究颇多，要准备好成套的礼物，挑在担子上，称为"办礼担"。一担两头各五摞叠套的盆状精工木器，自下而上渐小，还要

---

① 本部分结合了陈新民老师《梧桐乡高演村落文化调查记》中有关婚俗的部分内容与北师大调查组的田野访谈资料。
② 被访谈人：郑爱兰。访谈人：萧放、贺少雅、贾琛。访谈时间：2016年9月19日。
③ 被访谈人：任文根。访谈人：贺少雅。访谈时间：2016年9月18日。

分装十色荤素店菜。准备点心、米馃、猪肉、钱币等以十百千计,且零头必须为"四",称为"零头四",寓意四喜出头,例如点心或米棵1004个,猪肉84斤或104斤,钱币同数。穷户行聘更为简朴,手提当地一种蒸笼状竹器名为吊箩的,里面分上下两格,分别装猪肉和米馃。女方家以及主要亲戚在送定当日聚宴,称为"吃定酒"。婚期前两天,媒人率领担郎将定礼双倍的礼物送至女家家主,其中一份供女方宴客,另一份供设宴招待迎亲者;另备吊箩两三只,每只装蹄髈一个、米馃数十个,以孝敬女方外祖父、母或干爹娘(俗称太婆吊箩)或帮忙梳妆打扮的人(梳头吊箩),此俗今仍延续。

迎亲。以前男方不亲自到女方家迎亲,而是全权委托给一位较有声望和处事能力的人为代表,负责现场应对女方临时要求,这样的人物叫作"请凤客"。婚期前一天,由"请凤客"率领吹鼓手、接姑(伴娘)、行郎(为打旗、抬轿、抬嫁妆者,要选父母双全之男青年),在婚期前一天晚上到达女方家,当天晚上吃喜酒,住一晚之后,第二天将新娘接回。大概从2000年开始,男方也要一同去迎娶女方了。

嫁妆。旧时一般人家的嫁妆准备"三杠",第一杠是两只木箱;第二杠是一只箱垫柜;第三杠为一张方桌,桌面有陈设新娘房中用品,以红线缠束固定,名曰扮"桌面"。每杠由两人抬,共需六人。富户嫁女从十几杠到几十杠,大多是各类木器家具,均刷以大红油漆,素有"十里红妆"之喻。

梳头和绞脸。过去梳头是有时辰的,男方会带一个接姑去给新娘梳头,送给梳头人一个梳头吊箩。脸上的毛叫作苦毛,绞脸就是拔苦毛,绞过脸也就是不再过苦日子了。绞脸的时候眉毛、面毛都要修理,一般会在迎亲前提前准备。

上轿。旧时新娘上轿前先祭拜香火、哭别父母,卯时鸣炮奏乐,行郎将新娘背上轿,请凤客邀请亲家舅同行。富户迎亲会为亲家舅、媒人、请凤客各备一顶轿子，随行于嫁妆之后。轿有好有差，有一把椅子二根杠的"落山虎"；有两人抬的普通竹轿，也有四人抬的大轿，亲家舅等一般坐此类轿。贫苦人家嫁娶就用普通的小轿披彩或用"落山虎"这等小轿，倘若连这样的小轿也雇不起就只得请行郎背着出嫁了。

抢道。新娘出嫁一般选择清晨或黎明前的吉时出娘家门，接亲和回来的路是同一条道路。若遇多家迎娶同行一条道，新娘们就会起大早"抢道"，意曰不走"现成路""不要步你的后尘"。后到者需有披着大红绸的"踏路牛"开道，"牛宰相走过之后，路就变成新的了"，也由此留下了富户嫁女陪嫁耕牛的习俗，穷户只能向他人租用耕牛，此俗如今仍在延用。

丢红包和鸡蛋。去往婚礼的路上要扔东西。过大河要扔红鸡蛋，过小河要扔包有米和茶的红包。一般要扔到不能让人捞的水比较深的地方，如果途中过桥，则要走到桥中央去扔。过去高演附近有条大河，据说摆渡人提前知道这里会有人结亲，新娘向河里丢了东西之后，会马上用网兜将东西兜去。

进门。女方到男方门口不下车（轿），由新郎把新娘直接背到房间里面。郑爱兰讲述，她当时是新郎的哥哥背进去的，陈新民推测说，发生这种情况可能是因为二人属相不合，如果属相、生辰不合，是不能去接亲的，他曾见到因不合被"冲"到的例子。"之前旁边有一户，刚一进门新郎就马上晕过去了，命也不长久，六十多岁去世，有很多人讲闲话说是冲到了"。[1] 将新人接到房间以后，主家向行郎、接姑和新娘家来的客人奉上煮熟的鸡蛋，一个碗里放两颗。新娘吃红糖茶，寓意甜蜜。席间新郎新娘要去敬酒。以前农村结婚就一身衣服，现在婚纱、敬酒，以及跟家人吃饭都会换装。

---

[1] 被访谈人：郑爱兰。访谈人：萧放、贺少雅、贾琛。访谈时间：2016 年 9 月 19 日。

敬酒与座次。摆酒席的时候，首先是中堂先摆满。大户人家的房子是四合院，中堂最上面一桌坐媒人、请凤客、亲家舅。亲家舅坐在媒人的左手，请凤客位于媒人右手，主家还会请酒公和筛酒人。酒公是陪酒的，筛酒人是倒酒的。新郎新娘坐在另外一桌，新人敬酒须从上头第一桌最大的亲家舅开始敬。

闹洞房。洞房第二天起连续一周内有"闹洞房"的习俗。在新人就寝后，宾客和村中年轻好逗者将辣椒粉置于金属壶中，以炉火烧烤壶底，将壶嘴插入事先早已挖通隐蔽好的壁孔，使烟随孔喷入，新人忍呛不能而求饶，主家即办点心、糖果烟茶之类款待闹趣者，名曰"闹洞房"。现在闹洞房风俗仍存，只是时间缩短为三天，内容变成各种玩笑游戏和恶作剧。

回娘家。一般新婚满月后新娘回娘家。但是以前讲究回娘家不可擅自行动，需要娘家人来接才可以，不接的话是不能回去的，郑爱兰老人当时就是一年之后才回娘家。

任周杰告诉我们，办喜事不归族长管，"都是邻居互相帮忙，隔壁邻居即使不同房也会来帮忙"。[①] 任妙琴补充道，这种帮忙是很自然的，"不叫管，就是有喜事，同房的过来贺喜，很自觉的"。[②] 总之，一家有喜事，邻居、亲戚都会以劳动力的形式协助操办。这种情况到现在已有很大变化。

（四）过寿礼俗

过去俗曰"三十不言寿，四十不祝寿，五十受礼不开庆，六十始行庆寿"。老人做寿，在筵席前接受儿孙、婿、甥、侄等男性晚辈跪拜。在做寿当年春节，高演的舞狮队、花鼓队必至主家放红帖拜祝，

---

① 被访谈人：任妙琴。访谈人：朱霞、王宇琛、关静。访谈时间：2016年9月19日。
② 被访谈人：任妙琴。访谈人：朱霞、王宇琛、关静。访谈时间：2016年9月19日。

尽兴表演全套节目，称"放全堂"，此时主家的红包金额也要数倍于往年。现在生活条件好，长寿者居多。梧桐乡开会，90岁以上长寿者有28个，高演村就占到了8个，老人一般的寿诞不隆重庆祝。60岁以上老人的寿诞一般是家人回来吃饭热闹热闹，80岁以上的过寿才会隆重一些，亲戚朋友往来所赠送礼品不拘形式，有的送补品，有的给钱。当地风俗，寿星过年时候不走亲戚，只有亲生儿女才会走一走。

三 祭祀仪式

这里的祭祀仪式特指祖宗祭祀。高演的祖宗祭祀分为祠祭、墓祭和家祭，祭祀对象有宗族始祖、房支祖先和家里的太公太婆。通过不同空间、不同层级的祭祀仪式，高演无论血缘关系远近的祖宗都能得到子孙的照拂。

（一）祠堂祭祀

任氏祠堂是高演村任氏族人进行宗族活动的主要场所，今天环胜桥旁的文化礼堂原为任氏祠堂所在地。据《演峰任氏祀记》记载：五世祖元祯公曾在村东创建家庙一所，但年深日久湮没无闻。乾隆年间，光一公支下大受、大钦、大文三兄弟，将光一公派下基址一处捐出，两支约定共出祭祖以创祠堂。[①] 从此时开始，任氏祠堂开始常规性举办祭祖活动，只是仪式的规制尚不固定。[②] 而且堂宇狭小，不足以满足供祭散胙的需求。乾隆三十一年（1766），任圣德首倡重修扩大，次年工成，名曰"敦伦堂"。新修的祠堂位于村北水口之下，堂

---

① 任圣灿：《演峰任氏祀记》，乾隆三十六年（1771），《景宁高演任氏宗谱》，道光十六年重修。
② 《春秋祭祠仪注》，《景宁高演任氏宗谱》，道光十六年重修。

前临水渠，上有石桥，桥外立照壁。左临任圣诰自创书院，右为五尺空地，乃预先留为水道者。原为三进。第一进是餐厅，是宗族祭祀后聚餐的地方；第二进是序伦堂，是宗族议事之处。最后一进叫务本堂，摆放任氏宗族的牌位，大约半米左右、髹金雕花，但光一公支的牌位大一些、光二公支的牌位小一些。以前族中尚未下葬的棺材也会暂厝在这里。据任启年回忆：当年务本堂内分东西两侧摆放牌位，其中任绍何一支在东侧，任绍显一支在西侧。堂内还有祠堂鼓，宗族有重事商议时敲响祠堂鼓，召集全族人聚集商议。例如，如果村里有人触犯族规、犯下重罪，就要开务本堂、擂祠堂鼓，用族规族法来惩罚他。

按宗谱规定，祠堂祭祖每年两次，分别是二月十五和八月十五，当地人称为"散祠堂"，也叫"喝祠堂酒"或是办"祭学羹"。祭祖仪式的费用出自祠堂的祭田，由族中各房轮值，办祭之外的盈余归本房轮值者分派。祭祖只能男性参加，分耕读两途，耕者年满40岁才可参加，读书人则不限年龄，但必须已获庠生资格，兴学堂后改为高小毕业。除此之外，外姓女婿、典妻者，及作风不好都不能上祠堂，如果外姓者想入任氏族谱，需交祭祖若干年方有资格。散祠堂主要活动有二，一是族人聚餐，二是分肉。有资格参与祭祖的男性分两路进入祠堂，义聚会成员在屋里，其余人站在庭院中，堂上供羊头、茶、荤素各菜。祭祀仪式通常由族长担任主祭，左右站立东、西两献，行礼负责一切调度安排。祭祀结束后，羊头由族长带回，这也是族长身份的标志，因此在当地被免去族长一职被形象地称为"拿掉羊头"。

祭祀结束后"吃酒"，聚会的座位很有讲究，上首三桌，每桌坐七个人，中桌上位要族长独坐，东面桌子坐年满七十岁且三代同堂的人中年龄最长者，西面桌子坐读书人中功名最高的人。其余人按房族、辈分、功名等顺序就座。席中要求寂静无声、不得行酒令或大声喧哗，结束后参与者均可领到胙肉。胙肉的规格是预先制定好的，必须是无骨的"四大两"，也就是半斤肉。族长领胙肉一斤、羊首一头，东西两献各领胙肉一斤，当日鼓乐吹手共领胙肉二斤，八十岁老人各领一斤，秀才与执事共领十斤。在执事之外，凡有功名者还可再领胙肉，从廪生的半斤到进士的十斤不等，以示鼓励后人读书的意思。① 据人们回忆，光一公（任绍何）支下祭祖更为隆重，一般在晚上举行，所有族人到场跪拜。光二公（任绍显）支下则是白天祭祖，只供奉一个猪头，也不跪拜。②

据说，祠堂祭祖结束后还会舞板凳龙。龙有雌雄之分，各户自备两条板凳，一公一母，分别构成雌雄龙身体的一部分。龙身上按家中人口放置纸扎灯笼，一般会比实际人口多放一盏，以示"希冀添丁"，因此板凳龙又叫"丁灯龙"。祭祀结束之后，全村每家每户拿着自家的板凳，从祠堂出发，沿半山腰绕村周游一圈再回到祠堂，一般全程需要两三个小时。由一段一段板凳所组成的龙灯，正是"人丁"组成"家庭"、家庭组成房支、房支组成宗族的隐喻。

（二）坟地祭祖

据道光十六年《景宁高演任氏宗谱》卷六《图引》中记载，高演任氏的坟地有130余亩，除散落于高演村境内的以外，村外大约还有16块坟地，分布在高演四周山中。这些坟地所在山场均为公产，即使各房私自栽种树木亦属不许（详细情况参见本书"土地所有制"和"风水故事"两节）。但是坟地祭祖却不是和祠堂祭祖一样的全宗

---

① 参见道光十六年《春秋祭祠仪注》《颁胙定规》《议定祭规罚例》，收入道光丙申年《景宁高演任氏宗谱》。另多位老人的访谈中也提到了上述规则，参见任启财、任妙琴、陈新民访谈。

② 被访谈人：任启财，翻译：陈新民。访谈人：孙英芳。访谈时间：2016年9月18日。

族集体行为,而是严格按照(想象与认同中的)血缘关系进行。

清明节去坟地祭祖是血缘关系的表征。由于共同认同任纪公为血缘祖先,清明时高演会先全族公祭一世祖任纪公及其他各位始祖。八十余岁高龄的任启年老先生记得小时候规模最大的一次祭祖就是清明节祭太公墓,当日每个人都领到两个麻糍。

先扫一世等祖先墓后,就要扫各房祖基以及各户祖墓,因此房支与家庭在其中扮演了重要角色。房长最重要的职能之一就是组织清明祭坟。各房须拿出本房祭田收入,在清明节前三天或后四天根据日历选择合适的日子去祭拜祖先,修整坟墓,砍掉杂草,准备供品。虽然年代久远,但每年清明祭扫时,人们凡是能记得的祖坟都会一一前去祭扫,"大房年年要去割草的坟很多,要好几天去搞的。有些地方不知道就不管,但知道的都要管"[①]。讲究的供品要杀猪宰羊祭祖,同时另杀一只公鸡祭祀土地。供品中还一定要有清明粿,即一种用艾草与米粉蒸的点心。子孙将供品放置在供桌上,在祖宗坟前祭祖,结束后统一回到祠堂,返回途中将清明粿分发给遇到的人,然后各房在祠堂内分别祭拜祖先,最后集体聚餐。聚餐当地被称为"散坟",散坟一桌八人,菜品要六酒六菜,其中包括酒、鸡肉、猪肉、麻糍等,都有定制,不可偷工减料。[②]

与祠堂祭祀不同,坟墓祭祖不排斥女性参与。男女两性都可以参与上坟拔草,小孩子也跟着大人一起去,因此他们从很小就知道每房祖先的坟地在何处,这是墓祭制度赖以传承的重要基础。但是男女仍有差别,男人先扫、供吃早餐,女人后扫、供吃中餐,意为避免男女

[①] 被访谈人:任启兰与他的妻子。访谈人:朱霞、王宇琛、关静。访谈时间:2016年9月17日。

[②] 被访谈人:任一文。访谈人:朱霞、王宇琛、关静。访谈时间:2016年9月18日。

混杂。① 祭祖之后的祠堂"散坟"酒，也是全村男女老幼共同参与，最重要的祭品胙肉按等级分配的数量不同，人人有份，连小孩子都可以分到两个清明粿，四两丁肉。

（三）家庭祭祖

家庭是房支的基础，每个家庭除了祭祀五服以内的祖先外，也以轮流"拜正颜"的方式表明自己是房支的一部分，强化房支内部的血缘认同。

家庭单独祭祖的时间有清明、除夕。清明时，除了上坟烧纸、割草外，回家之后还要再祭祖宗，祭品要六饭六酒。除夕夜祭祖也称"吃隔岁"，做好年夜饭之后要先祭拜太公太婆表示思念，摆半个小时待放炮后就可以撤了。

从大年初一到初四轮流拜正颜。"正颜"也就是房内太祖的画像，由一房之内各个家庭每年轮流供奉。轮到奉香火供正颜的人家，要在大年三十晚接香火挂正颜，供上四大盘，以及十二色荤素小盘。所谓四大盘。第一盘是只鸡，叫姜太公钓鱼；第二盘是猪肺。将猪杀掉，掏出猪肺放在盘中，名为龙；第三盘是猪肚，名为兔子，是将猪肚摆成兔子的形状，用葵瓜子仁做成兔毛的样子；第四盘是猪蹄，名为聚宝盆。初一在供奉正颜的家庭成员内部祭拜，初二、初三则有房族子孙前来祭拜。有人来祭，主人家必须放鞭炮以示重视，同时要泡茶作揖，煮两个鸡蛋来接待，子弟们拈香烧纸行拜礼后离去。与此同时，前来祭拜的房内其他族人也会监督主家准备祭品是否齐备、摆放是否整齐。如果被发现错处，主家会遭到极大的难堪，"他们高兴地

---

① 陈新民：《梧桐乡高演村落文化调查记》，梧桐乡综合文化站编《梧桐群众文化特色村》，2011年，第6页。

回去了,你这个事情就满意了。如果他们不高兴回去,你这个年就过不成了"①。至初四午后收正颜,晚上请族长等人吃饭,将供正颜责任交给下年轮值家庭。即使迁往外村的轮值农户,当年也要挑上该用的东西住在本房亲戚家过年,办理拜正颜的事项,过了初四方可回家。②

---

① 被访谈人:任启财,翻译:陈新民。访谈人:鞠熙、王辉。访谈时间:2016年9月19日。
② 陈新民:《梧桐乡高演村落文化调查记》,梧桐乡综合文化站编《梧桐群众文化特色村》,2011年,第7页。

第六章 村民的精神生活

描写一个村庄的精神世界有助于我们了解村民心中的所思所想。不同的村庄也许可以在自然条件和物质生产上接近，但其精神生活必然有独特之处。高演人传承地方性知识，热爱民间演艺，矜夸自己村庄的深厚历史和自然风貌，丰富的精神生活给高演文化增添了生动的色彩。

一 传统知识与信仰

在社会发展水平相对落后的年代，普遍性知识还没有在乡村通行，人们依靠地方性知识化解矛盾危机。高演人的医药、生育、占卜、风水等传统知识与信仰都属于地方性知识的范畴。

（一）医疗知识

在 1949 年以前，高演村的医疗水平比较落后，村里没有专门的医生。富户重病，会雇轿子去村外请医师诊病；一般人重病，只能到邻近叫"张师洞"的畲族村庄，请一户世传的畲族俗家道士来镇邪驱病。幸运的是，村里有不少女性掌握了一些医疗知识，可以应付日常的治病、抓药和接生。任妙琴也从母亲那里学了很多中医知识，至今她仍以这些中医治病的知识为她的兴趣爱好。

任平之母在村里知名度比较高，就是因为她有医疗知识可以帮助人。她也是外村嫁入高演的。她的父亲和爷爷会治病，她也学会了不少治病方法，为人治病的同时也卖药，有一定的收入。

由于语言问题，第三位女性的名字未知。但在与她女儿交谈中得知，从她这一代开始上溯三代的女性都会接生，包括她的婆婆和母亲。

关于医疗情况，在调查中了解得不多，但是从有限的信息来看，医疗知识在家庭内部尤其是女性世系内部的传承，使得这类女性成为独立于儒士与道士之外的"知识精英"，在高演村有特殊的地位。在高演村的儒家伦理制度下，男尊女卑被认为是天经地义的秩序。例如村中最热闹、人流量最大的店廊原有两排座椅供男性休息、聊天，但女性不被允许使用中间的道路，在座椅后面专门留有两条小过道供女人通行。然而，女性群体对医疗知识的掌握，尤其是人们对"接生婆"的社会需求，使得这些女性拥有独立的经济收入、较高的社会声望与地位。这为村落明显的男尊女卑秩序增添了一抹平衡的色彩。

（二）求子

据村民回忆，以前庆云庵的香火很旺，都是去求子的。① 也是出于这一原因，村民们对庆云庵中的送子观音印象最为深刻。村民们认为，庆云庵与子孙繁衍息息相关。如果舞板凳龙时某家有灯熄灭，"就不好，家里舞龙回来就懊丧。回来要到庆云庵拜佛，求神，告诉他我今年龙灯有一盏灭了，保佑我家人丁平安，都要许愿的"。② 1960年以后庆云庵被拆除。1986年村里修复了孝诚宫，庆云庵已无存。即便如此，也没有人会去孝诚宫求子，"马仙宫不是求子的地方。

---

① 被访谈人：任妙琴。访谈人：贺少雅、贾琛。访谈时间：2016年9月19日。
② 被访谈人：任妙琴。访谈人：朱霞、关静。访谈时间：2016年9月18日。

要是村里人要求子的话，只能去外面，我们这里没有啦，鸬鹚那里有个庙很灵的"①。

除了庆云庵外，村里还有人去老水井求子。任妙琴说，村里有个女子一直没怀孕，后来因为去拜了水井，生下一对双胞胎，双胞胎还认了水井做干亲。求子的仪式，尤其认观音或水井做干爹干妈的举动，以拟亲属称谓的方式强调了村民之间通过神灵中介而建立起来的另一种"亲属关系"：他们除了在宗族血缘关系的网络上占据一定位置之外，还因同属于这片土地、共同拥有一个空间化的"神灵父母"而成为彼此连接起来的"村民"。

（三）问卜

庆云庵除了求子之外，还可以问卜。庆云庵内扶乩问卜的活动起码可以追溯到咸丰十一年（1892）。光绪十六年（1890）重修《高演任氏宗谱》中，《里域名胜志》有"乩坛"条，云乩坛位于庆云庵左侧，用于劝化世人，占卜疾病，赐方医治，乃至地理风水无所不能，甚为考验。② 这说明当时庆云庵内的扶乩问卜活动已经小有名气。

据陈新民说，在梧桐乡其他地方，问卜通常叫作"问花"，而在高演村，扶乩者被称为"先知先生"，扶乩类的占卜活动就叫作"问先知"。村民所知道的先知都是男性。据回忆，庆云庵厢房三间，一间为茶堂，另一间人称"仙堂"，应当就是家谱中记载的"乩坛"，"会法术的人在那里，法术做起来，问卜"。③ 据说，仙堂内有个铁台，上面放个铁钩，烧起火来，铁钩移动，在沙盘上写出问题的答案。任启财回忆，当年先知问卜时："在沙盘上面，有一个东西在那

---

① 被访谈人：任启兰之妻。访谈人：鞠熙、王宇琛。访谈时间：2016年9月18日。
② 见《高演任氏宗谱》，光绪十六年重修。
③ 被访谈人：一位80多岁的女性村民。翻译：陈新民。访谈人：鞠熙、孙英芳。访谈时间：2016年9月17日。

里划来划去，画起来一圈一圈的图像，后来先知就根据那个图像，告诉你什么日子好什么东西好，什么是这样，这个东西合哪边，问卜问得都很准的。"① 任家翰《仙乩坛》一诗中所说"会赴蟠桃来降笔"就描述了这一情形。在这一过程中，先知也会出现神灵附体的情况。严用光《仙乩坛》一诗，其中明确说明"鸾翔凤翕下仙坛"，说明神灵下降是普遍的情况。②

如果村里有老人没有房子住，或者没有儿女赡养，他们就可以住到庆云庵去帮忙问卜，住的时间长了自然就成为庙主。庆云庵有庵田，庙主有权长期耕种，收入除了维持寺庙建筑与香火之外，其余可以归为己用。除此之外，前述庆云庵内的先知先生，他们在庆云庵内问卜的"仙堂"是向庙主租用的，需要缴纳租金。庙主在仙堂外开设"茶堂"招待前来问卜的村民，也能有一定的收入。如此，鳏寡孤独的庙主不仅可以维持基本的生活，而且始终保有社会联系，不至被人群所抛弃或遗忘。

（四）文醮先生

我们重点访谈对象任妙琴老师的爷爷任启忠就是一位文醮先生。任妙琴提到，她父亲本来从小就和爷爷学习做道士，后来在村里当了小学校长。高演村民对文醮先生任启忠非常熟悉，从他们的回忆中我们知道，他在村里是非常重要的人物，其工作包括如下一些方面。

问卜。文醮先生可以通过掷筊问卜。任妙琴回忆，她家里原来有很多筊杯，"'文化大革命'被批斗，批斗怕了，书都被送掉了。筊杯很多被抢走，妈妈抢来两块，一块被火烧了，一块被猪拱了"。③

---

① 被访谈人：任启财。翻译：陈新民。访谈人：鞠熙、王辉。访谈时间：2016年9月19日。
② 两诗见光绪十六年重修《高演任氏宗谱》之"八景诗"。
③ 被访谈人：任妙琴。访谈人：贺少雅。访谈时间：2016年9月17日。

虽然"先知先生"也会扶乩,但二者也有很多不同。首先可以确定的是,文醮先生是高演任氏子孙,而"先知先生"是外来者,仅在庆云庵内落脚,靠问卜为生。而且与文醮先生不同的是,先知先生可以让神灵附体,而文醮先生则不能。文醮先生问卜靠掷筊,而先知先生则靠扶乩。

丧葬。过去高演村民凡遇丧事,必请道士来作法,全套仪式做下来需要好几天。任启忠在世时,总是任启忠主持操办,他去世后,村民也从景宁县中请道士。丧葬法事中,最重要的是入殓,此时必须仔细测量,保证鼻梁在正中间,女人陪葬梳子,男人陪葬烟斗。入殓以后,道士主持仪式,劝灵魂升天,送法船入水,最后出殡,封墓。过去道士在丧家中会一连住很多天,后来简化为只住一天。

迎神。如前所说,每年迎神会中最重要的人物就是文醮先生。每到白露日,文醮先生要先在孝诚宫中设坛作法,选定吉日,用掷筊的方式祈求"神判",如果占卜结果是一阴一阳,代表阴阳调和,就是吉卦。在迎神会正式开始时,文醮先生也要以法事开场,请神灵下降,在迎神会结束后,由文醮先生出面请诸神归位。

组织祭扫。有些墓地年代已久,在家族记忆中逐渐模糊。任妙琴说,每年清明,爷爷和父亲总要祭扫这些老墓。"爷爷帮人家扫过的老墓很多,当时是一个房,爷爷可能一直打理下来,清明爸爸带我们去打理,我结婚以后,弟弟们也去,一直延续下来。"[①] 虽然任妙琴的父亲和爷爷不是房长,但也许是文醮先生的身份,使他们在"祭亡"仪式中扮演了重要角色,也相应承担更大的责任。

维护村落秩序。与族长、房长一样,文醮先生也担负着维持村落秩序的重任,但他们所维护的,主要是村落的神圣秩序而非日常的秩序。例如过去有人要在廻龙桥边做坟墓,就遭到村干部及道士以风水

[①] 被访谈人:任妙琴。访谈人:贺少雅。访谈时间:2016 年 9 月 17 日。

为理由的强烈反对。

二 传统艺术与娱乐

传统上，高演民风径率务本，以耕读为正途，生活并无余裕。除少数人农闲时兼作泥、木、篾工补贴家用外，并没有发展起专门的民间工艺。村里如需农具和生活用品，均从外面购入，村里的建筑装饰如砖雕、墙饰、柱雕、窗雕、瓦当及家具等的工艺均较为质朴。

与之形成鲜明对照的是，高演的民间小戏以及与之相关的演奏、表演艺术颇为兴盛。过去高演人的娱乐休闲活动主要是乡间节令的各类表演，一年之中春祈秋报都要演戏。因崇尚读书入仕，高演人虽然自己喜欢看戏，却视演戏为末技，看不起"做戏的"，还约束子弟不得学戏演戏。在迎神赛会上，高演一般会请县内何庄、英川等外地的班子来表演。平时如有外地戏班和木偶班路过，若迎神会的会款尚有余裕且在农闲时节，也会邀请他们来演出，并通告全村。

但高演人并不排斥自己从事一些边缘的表演行为，大约他们将之视为生活的调剂，或者是主业之外创收的手段。他们自己组织的丝竹演奏、花鼓戏、板凳龙、舞狮等民间表演技艺均有声有色，不但在本村备受欢迎，也会出村去表演。

从清代至今，高演村的民间器乐演奏在附近一带颇有名气。高演旧时即有吹班会，经常组织爱好演奏者聚会切磋，且有会田支持。到了现代，这种集体爱好延续了下来，村中熟谙此道者虽然谈不上很多，但不少村民都能吹拉几下，任启夏（已故）擅长京胡演奏，现在的任传贵、马尚洪、任佰林等都是周边公认的演奏乐器的能手。到了节庆时分，村里上演花鼓戏、木偶戏等小戏，这些吹拉能手就在后台伴奏，也有被周边村落请去伴奏的。吹班为花鼓戏伴奏常用的曲调有：《馒头第》《水流儿》《爽心调》《五街闹》《闹长沙》《泰顺五街闹》《二慢》《滩黄》和《横扫》等。

　　高演的花鼓戏也是一项延续至今的民间演艺。在过去，高演支持男孩学演花鼓戏，村里专门有两个会各养一班花鼓，供正月演花鼓戏时两班互赛。"文化大革命"后期，高演凭借花鼓戏的演员班底和吹拉乐队，很快办起大队文宣队，成为当时县内16支农村文宣队之一。他们宣传"学大寨"，开场唱"样板戏"选段，其后演出了不少民众喜闻乐见的民间小戏。现在的花鼓戏班成员多为女性村民。她们一般在腊月前排演节目，春节后挨家挨户放帖，到各家的中堂演出，至元宵节后返回。村里遇到婚丧嫁娶、节庆仪式，也少不了花鼓戏登场活跃气氛。花鼓戏的节目有：《花鼓闹庙》《卖丝线》《酒老隆走广东》《花婆过关》《鸿雁带书》《打纱窗》《补缸》《凤阳看相》《观音送子》《郭子仪拜寿》《打河船》等。

　　高演村正月的娱乐活动少不了舞狮舞龙。舞狮的狮头内部是木制框架，外以竹篾扎成狮头模型，再用棉纸层层糊叠，然后刷上红绿油漆。狮身内为衬布，外披红绿色麻束为毛。表演时，狮身内部有两位健壮男性操纵，一舞头、一摆尾，有作揖、走圆场、扑四角、滚背、擦痒、求赏、发怒、要乐、喝茶、掰柚等动作，以唢呐、锣鼓伴舞。舞龙舞的是板凳龙灯。村里有两条龙灯，正月十二出灯，十五圆灯。龙头、龙尾用竹篾扎出模样，外糊纸，以红绿色颜料描出龙的鳞、眼、舌等。龙身用条板连接，条板由各户自备，板上安装花卉、方形花灯等，也由各户自行制作。舞龙时，各户派一健劳力扛灯，有圆盘、之字盘等动作，有锣鼓器乐开道。①

　　这些艺术与娱乐形式由传统社会向当代传承经历了曲折的发展历程。从粉碎"四人帮"到改革开放初期，高演迎来了村落传统文化的大繁荣，节日演戏重新成为高演村公共生活中的大事件。老人任文

---

① 以上所使用的资料来自陈新民老师2021年3月对高演村落文化的调查。

根回忆,"粉碎四人帮后,大家觉得快乐,你家烧一天饭,我家烧一天饭,在老戏台连着演了十几天戏,是越剧"。① 迎神会虽然不复举行,但秋收季节演戏的传统却重新回到了马仙行宫。人们还记得1986年,有一个从文成来的戏班在马仙行宫演全本《樊梨花》,演了七天七夜,观众有一千二百人之多。1949年以前,看戏必须男女分开来,如今这样的规矩没有了,男女老少济济一堂,更显得热闹非凡。祠堂祭祖虽然消失,但是板凳龙灯的节日活动却恢复了。同样是80年代末开始,连续十几年时间,每到正月十五,村委就组织大家舞龙灯,按照传统的方法,从村南学校(原祠堂所在地)出发,沿高演村四周的山路环村一周,直到抵达村北头的电塔处,人们在那里舞动龙灯。远远地从村中望去,山坡上繁灯成龙,非常好看,这成为整整一代高演村民心目中最盛大的节日盛景。

同一时期,随着节日与娱乐活动的回归,村里的红花会、吹班会又重新组织起来,甚至还新成立了木偶戏团。四五个村民组成木偶戏班子,既在马仙行宫为村民演戏,也四处巡演,任传贵就是当年戏班中的琴师,他回忆,当年的木偶戏班能演四五十出木偶戏,收入颇丰。花鼓队、狮子队又重新组织起来,一位当时刚刚迁入高演村不久的外姓人马善鸿任队长,但跳花鼓的大多是村里的女性,每年从正月初二开始,先在高演村表演,然后四处巡游到别的村子表演,一直到正月十五再回到村中。有时县城里有店铺开张,也会请他们去表演。

80年代开始,高演的经济有了长足发展,村里富起来了,村民的娱乐方式也开始发生转变。1983年12月,村里建造了有600多座位的大会堂,成为放映电影的绝佳场所。90年代,电视走进了千家万户,逐渐取代了电影的地位,看电视成了村民最普遍的休闲活动。

---

① 被访谈人:任文根。访谈人:贺少雅。访谈时间:2016年9月18日。

图6-1 村民排练节目

2000年前后,随着高演村小学校被撤销,村民纷纷四散外出,传统演艺活动受到现代生活方式的冲击,昔日的繁荣景象不再。2013年,高演村修建了农村文化礼堂,村民在这里把自编自演的节目搬上乡村春晚,掀起了活化利用传统文化的新一轮热潮。

三 民间口头传统

高演村流传有大量的口头叙事作品,其中有些一直以口传的方式流传,旧时称为"讲古"。还有一些被记录于宗谱之中,以文字形式出现。宗谱中记录的口头叙事作品,最典型的就是关于任氏祖先的传赞。正如乾隆时期初编宗谱的任圣德所说,当时他勤力收集任氏祖先生平资料时，得到的无非断简残片、口耳相传①，因此我们有理由相信，至少任氏宗谱中所载之明代祖先生平，大部分是口头叙事转为书面记载的产物。从文体上说，高演村的口头叙事作品大多数是关于某一地点、风俗或人物的解释性说法，属于民俗学通常所说的"传说"体裁，其中尤其是风水传说与人物传说极为丰富。本节主要关注的问题是：在高演村广为流传的各类传说故事，体现出怎样的村落文化观念，这些观念与村落社会制度之间又有怎样的关系？

首先应该说明的是，我们在村落中搜集到的口头叙事，很多是知名故事类型在当地的变体，但它们在被高演人讲述的过程中，已经吸收了当地的思想与文化观念。当地人在给我们讲述这些故事时，也往往会加入自己的解释与说明，以清晰表达他们的好恶。只有将这些"对传说的解释"与"解释性的传说"结合起来，我们才能理解这些故事在高演村中流传的原因与内在动力——就本质而言，它们是对当地共享观念的注脚，是维护村落组织结构与社会秩序的叙事性话语。也正因如此，本书在呈现这些故事时，没有详细标出讲述人与讲述环境，因为这些故事绝大多数不止一人向我们反复讲述，而我们主要关心的，是故事中所呈现的村民集体认同的观念，而不是故事的形式与讲述方式。

从内容上说，我们在高演村搜集到的口头叙事故事可以分为三类，分别是崇学、祖先与风水故事。以下将分别说明。

（一）崇学故事与共享声望

高演历来崇学尚读，村民们都以高演村中人才辈出、斯文鼎盛为

---

① 任圣德：《任氏重修家乘朴庵自述序》，乾隆三十六年（1771），《景宁高演任氏宗谱》，道光十六年重修。

荣。光绪重修家谱中刊录了当时景宁县知县建阳吴裕中题赠的七言律诗《寓演峰序伦堂会诸绅士留宴作》，诗中说："济济英才序一堂，欣看桃李植成行（得见任姓一门贡生二、廪生九、增附生又三十余），谩言耕堑人情古，还想诗书教泽长。轮奂光摇俎豆远，管弦声带藻芹香。到来莫道催科俗，樽酒论文快举觞。"可见从道光时期开始，高演就以读书人多而闻名一方，相应地，这方面的故事也很多。前面曾陆续提到过一些，兹总录如下：

清风桥下轿

从清风桥下去的路，通到金兰，从金兰就可以去景宁县城。以前景宁县的县太爷来高演视察，轿子抬到清风桥外面，就马上下轿了，不敢坐进来。因为高演的名人太多了，读书人太多了，他不敢坐轿子进来，坐进来怕要吃亏的。

店廊丢官

店廊这个地方原来有栋房子，是很有名的，叫做遵鸿轩。这里本来是接官厅，专门接待官员的地方。泰顺有个进士，衣锦还乡，在接官厅那里住了半个月，然后说主人招待比较好，所以给起了个名字，叫做遵鸿轩，类似于招待所。以前有个县官来这里办事，坐在厅里招摇。村里有人说，我看你有点病要治一下。果然，不久这个县官就丢官了。因为他太自大，不知道高演的读书人太多，不能在这里招摇的。

村民辨错字

当年私塾先生在环胜桥中讲课，旁边有位拾粪村民经过，隔着窗子说：你这个字讲错了。果然村民是对的，私塾先生讲错了。村民都能知道教书先生的错误，可见高演民众的文化水平之高。

一上一

圣德公有两个儿子，大儿子叫制铠公，二儿子叫制镏公。制铠公读书特别好，他去赶考那一年，主考官一看他的卷子，说这份试卷特别好，专门把这份卷子放到自己面前的蚊帐上面，意思是最好的一份。他本来想把这份试卷专门拿给皇上看，结果忘记了，后来排名次的时候，就没把名字写进去。最后制铠公没拿到状元，还空手落榜回来了。他老爸说，你平时在家学的那么好，怎么啥也没考上？气得一脚把他踢死了。刚断气，皇上的圣旨也到了，公布说是状元之上的状元，就是"一上一"。但是也没用了，只能是对死人的一种安慰。后来制镏公也考上了进士，乾隆卯申年的进士，他不是状元，是第四名。

上述崇学故事可以分为两种类型。一是民间高人型。这类故事常常不是讲某位名人的学问如何之好、读书如何之好，而是重在突出所有高演村的村民都识文断字、学富五车，即使不经意间遇见的路人、偶然经过的乞丐，可能都有非凡的见识或很高的声望，以至于无论是官员还是教书先生来到高演村，都必须小心谨慎，否则一不小心可能就会被抓住错处。二是错失功名型。"一上一"故事属于这一类型。据任制镏在乾隆三十五年（1770）为兄长任制铠撰写的《制铠先生传》中叙述，制铠天资聪颖，在几次考试中成绩优异，先后被擢为冠案和压卷，乾隆二十三年（1758）以优等补增广生。惜其身体多病，乾隆二十六年（1761）年早逝，享年三十岁。[①] 在"一上一"故事

---

① 任制镏：《制铠先生传》，乾隆三十五年（1770），《高演任氏宗谱》，光绪十六年重修。

中，任制铠的多舛际遇被戏剧化为一次考官的严重失误，村民们在讲述这段故事时不无遗憾与惋惜，这实际是在告诉我们：高演村曾经出过状元，甚至是比状元更优秀的状元，只不过由于主考官的失误而被埋没。总之，这两种类型的崇学故事本质上都在传达这样一种观念：高演的确是人文鼎盛、藏龙卧虎的地方，即使是籍籍无名的村民，也可能是状元之选。换句话说，在村民的心目中，学问之盛是整个高演村的荣耀，这种荣耀虽然通过个体表现出来，但提高的是整个村庄的声望，外人必须对整个村庄或者说任姓宗族抱有尊敬。总之，读书入仕所带来的荣耀，是全村共享的声望。

全村共享读书荣耀的观念，在高演村不仅仅表现为口传故事。调查中我们发现，高演村的老建筑前竖立有进士、贡生等桅杆36组，并有进士、贡生桅杆石100多块。桅杆是以前村里为考上贡生的人所立，主要由木柱和两块石板组成，石板上往往有刻字，说明某年某月某人考中何种功名。1949年以前，高演几乎家家户户门口立有桅杆，既彰显本家读书人取得功名，也成为整个村落的重要景观标志。"文化大革命"后，桅杆四散遗失，近年来又被重新找回立于村中，足见村民们非常珍视这些桅杆。

更有意思的是，不仅高演村仍在流传上述这些故事，现在还有新的故事在不断产生。高演当地流传有一首名为《高演题记》的诗："先祖杭州来，十人九贡生；仁山育贵子，险瀑孕奇才。""十人九贡"的故事在高演代代相传，据说是高演村人有次赴温州府参加科举考试，10人中有9人考取了贡生。2016年，梧桐乡文化站原站长陈新民老师在进行剧本创作时，为了突出此地人才辈出，将"十人九贡"改成了"九人十贡"，将它搬上了舞台。陈新民认为，这样的艺术加工符合高演的历史真实，因为"我们上面的贡生不止十个，要好

几十个呢"。① "九人十贡"故事梗概如下:

九人十贡

　　我们高演村原来是十个人要去赶考的,结果咧,点名的时候少了一个。少了一个,为什么咧?生病的啦,不能去,那么就你们九个先去考,你那个剩下的病好了你再来。结果咧,就是那个挑担(的),就是那个书僮,他讲:"我也要去!"太公问:"你去干什么"?他说:"我跟他们去挑担。"好啊,这个也需要的啦,九个人去你一个人照顾照顾,搞后勤一样的工作,他就也去了,去了下面呢,他说:"我也进去要考",结果他也榜上有名。这个九人十贡,九个人去考,结果考出来了十个人。说明高演村这个村是有文化底蕴的。十个人都能考到贡生。

近年来,随着"九人十贡"故事被反复表演,高演村人也把这一故事当作自己的"传统"故事来讲述。的确,也许故事本身是"新编",但故事的内涵仍然是"传统"的,任启年在向我们讲述这个故事时所说的,"说明高演这个村是有文化底蕴的"②,其实也是上述所有崇学故事的核心思想。

(二) 祖先故事与公益劝善

高演流传有很多任氏祖先的生平故事,其中相当大一部分实际是在谈论高演的风水,这些故事将放入"风水故事"一部分中加以说明。本部分所说的"祖先故事",主要是以祖先生平事迹为核心内容的故事。这些故事除了一小部分仍以口头形式流传外,大部分

---

① 被访谈人:陈新民。访谈人:萧放。访谈时间:2016年9月17日上午。
② 被访谈人:任启年。访谈人:萧放、朱霞、鞠熙等。访谈时间:2016年9月17日。

载入家谱。两种传承形式所带来的差异很大，总的来说，口头传承的故事内容更丰富、故事性更强，更符合我们一般层面所说的"传说"体裁，且都属于机智人物故事，主要角色有七世祖敬英公和瞳囡两人。

运粮官

传说任氏的七世祖为人聪明，有功名在身。有一次皇帝为不知道如何将粮食运到京城而苦恼，七世祖想出了水运的巧妙办法，帮助皇帝解决了难题，皇帝赏赐了他许多钱粮，他拿回高演，奠定了高演包括三座桥在内的整体规划。七世公的坟墓至今还在豸岭岗。

图6-2　高演的瞳囡塑像

与运粮官的故事相比，瞳囡故事有更明显的文人改编痕迹。瞳囡是一位当地的机智人物，传说为高演人。他聪明过人，好打抱不平，在浙、闽、赣三省享有"土状师"美誉。高演族谱中记载瞳囡原名任学濂，字慕颐，号溢水，乳名旭瞳，行深百八十六，邑庠生，生于清道光二年（1822），终于清光绪十一年（1885），享年63岁。生育一子二女。光绪十六年（1890）《高演任氏宗谱》有学濂公赞："少承父志，苦读成名，素多才识，处事鲜明，代庖借箸，谋划必精，随机应变，间里同称。"

第六章　村民的精神生活　　141

　　《中国民间故事集成》中收录了三则瞳囡故事，都讲瞳囡是高演村人，素来有机智之名，周围乡村乃至景宁县里有人遇到了困难，都来找他帮忙，而他总能以智慧出色地解决困难。但遗憾的是，调查中我们并没有搜集到口头流传的瞳囡故事，而《中国民间故事集成》中记载的三则故事，都搜集于景宁县沙湾镇，故本书暂不使用。不过，我们的确在陈新民口中了解到一则关于高演村瞳囡的故事《瞳囡买鸡蛋》。据陈新民讲述，他当初搜集这则故事时，本来讲瞳囡是奸猾无赖之徒，陈新民有意将其改编为正能量的故事以启人向善。他以《瞳囡买鸡蛋》为底本改编的戏剧曾在景宁县文艺大赛中获得一等奖，并在景宁县的 21 个乡镇中巡回表演。如今，过去人们讲述的"无赖"瞳囡已渐无人知，人们熟悉的，反而是经陈新民改编过的版本，以下是经陈新民改编过的瞳囡买鸡蛋故事。

瞳囡买鸡蛋

　　瞳囡这个人平时生活比较放荡，实际充满智慧，惩恶扬善，往往对乡里横行霸道的人施以惩罚。这个落魄书生不得志，去比较远的地方走亲戚，结果半路上老布鞋开裂了，好像鱼张开嘴巴一样。他就想找一根绳捆一下，找到了一根稻草，脚蹬在路中央。这个时候另外一个角色出场了，十五六岁，这个小孩的特点是调皮，嘴巴管不住，刚出来就埋怨奶奶让卖鸡蛋，说同龄人都在玩耍，为什么让我出来卖鸡蛋，还用比较粗俗的话来骂奶奶，骂爸爸妈妈没有用。小孩本身就怒气冲冲，正好看见有个人蹲在那里。小孩就让这个人快起来，开始骂了：好狗不挡路，也就是把瞳囡当狗了。然后瞳囡就问："你是到高演去卖鸡蛋？"小孩回答说是，并问他说，是什么地方人？瞳囡说你去高演卖鸡蛋，我就是高演人。小孩说，你是高演人啊，高演有个瞳囡，非常无赖。瞳囡说，没有这个事情，只是个别人有意见。小孩说，这是当真的嘞，大家都这样说的嘞。

"你有亲戚同村人被瞳囡无赖过？"

"好像没有。"

"既然没有，为什么把人家当做无赖？"

"别人都这么说耶，她们都这么说耶。肯定是真的嘞。"

就是道听途说，把大家说的都当真。瞳囡就觉得这个小孩，一是满嘴脏话，骂奶奶，骂父母亲；二是无凭无据，喜欢道听途说，没有调查。这个时候就萌发了想法要教训这个小孩，让小孩不要口出狂言、口无遮拦。这个时候瞳囡就开始旁白了，"你这个嘴巴，轻飘，不教训教训你，真不知道天高地厚"。

"小孩子，别管别人无赖不无赖，我先问问你鸡蛋怎么卖？"

小孩这才想起来是出来卖鸡蛋了，说一块钱八个。瞳囡说那我一块钱六个可以不，但是要挑大个儿的。然后小孩就高兴了，也不想想天下怎么会有这种好事，就问瞳囡，那咱们怎么挑呢？

瞳囡说，前面有块大石头，我们把鸡蛋摆在石头上面，就可以把大的挑出来。小孩高兴地以为有钱赚了，不动脑筋。

瞳囡说，这个石头是不平的，有坡度的，你蹲下来，用胳膊把石头围住，来挡住鸡蛋。

这个时候小孩已经被瞳囡引入计谋之中了。瞳囡就问了，小孩子，你这个时候人站起来，手能放掉了。小孩说不能放开，鸡蛋会掉下去。

这个时候瞳囡就开始批评小孩了，小小年纪没有调查就骂人，而且骂奶奶、骂父母亲。我给你讲老实话，我就是高演的瞳囡。这个时候小孩知道自己不对了。瞳囡说，今天给你一个教训，你就蹲在这里，天马上要下雨了，你就在这里淋雨吧。小孩这时候就叫起来了，奶奶、爸妈，我都给你们害死了，一大早叫我起来卖鸡蛋，半路上碰见这个瞳囡，把我鸡蛋摆在石头背，人站不起来手又放不掉，雨越下越大，这怎么办呢。就哭起来了。

瞳囡的目的当然不是欺负她，就跟小孩说，也莫叫也莫哭，我今天就是给你个教训，你刚才的行为都是不对的，然后告诉小孩四句话：人做事天在看；做人道理永记心；孝敬长辈友善待人最重要；管好嘴巴莫乱说。一边讲这些话的时候，一边就把鸡蛋收回来了。她知道自己错了，然后有段唱腔，就结束了。

与口传故事相比，高演任氏宗谱中所记载的祖先行状，与其说是信史，不如看作以文字形式记载下来的口头叙事。但是，一旦形诸文字进入文献后，祖先的生平事迹被简化为评价，叙事性大大减弱，我们只能从对其人的评语（即"赞颂"）中略窥其叙事源头。更重要的是，所有这些行状、传赞中记载的祖先形象，基本大同小异，他们无一例外都有如下一些人格特征：一是孝养双亲、友爱兄弟。他们或是对父母毫无违背，在父母年迈老弱时尽心服侍；或是兄弟早逝，而视子侄如己出，悉心抚育成人。二是勤俭持家、躬亲劳作。或开疆辟土、开垦荒田；或构屋造宇、繁衍后人。三是多行善事、广积福基。凡在宗谱中有传、赞、行状、铭文之人，都因其扶危济困、广布仁德的品格而为人所传颂，他们有的为了集体土地不落他人之手而奔波劳累，有的每年代贫弱族人缴纳赋税，有的长年无偿资助孤儿寡母，有的和顺乡邻、平息争端、止讼息怨。事实上，直到今天，当高演村民们讲起他们敬爱的长辈时，仍然不由自主地强调这三种品质。例如，任启年讲他哥哥任启瑞，长兄为父，将他送去读小学至初中毕业。任妙琴讲她爷爷如何公正为人、为集体利益不惜得罪权贵，任梅华讲他叔父任邦振如何热心助人、维护乡里。

综合机智人物与文献记载这两种祖先故事，我们能清楚地发现，对于高演村民而言，能够流芳百世的人物，绝不仅仅是因为他拥有智慧与财富，更是因为他利用智慧与财富回馈村落、广施善行。无论是七世祖解决运粮难题后建设村落基础设施，还是瞳图以恶作剧劝人行善，抑或是文献记载里的祖先因其孝悌行善而名垂千古，公益共享始终是高演人心目中具有最高价值的品质。

高演村民不仅用故事来证明上述观念，他们也明明白白地告诉我们："所以我们这个村，最富裕的人家他没有好的房子，没有多出的房子，你们整个都看到了，没有别的村子房子好呢，祖传下来，像我们村里没有这么好的房子。就是因为读书人赚了钱回来都是修路，路全部是用石头铺起来的，开荒啊，田开的很多的。"① 修路、修凉亭、办学校、这都是"修福，能让下一代人好一点"。② 同时，行善与反哺乡里的价值观还与宗族血缘观念结合了起来。人们相信，一代种下的福因，会代代相传，为后人带来美好的生活。就连山路上为人遮荫的树木，也要好好养护，"这是古人，前面的人栽起来的，下面的人把它养好。下面的人也要把它栽下去，儿子又儿子。如果你砍掉，下面的人都不做了，那就没人了，没有山了"。③ 祖先因其善行而得到后人纪念，后人也必须延续这一善行，否则一旦中断，不仅后人无法再享受福泽，就连祖先的心血也都白费，这也是公益、行善、共享的观念在高演深入人心的内在原因。

（三）风水故事：命运共同体与共享自然

第三章第一节中提及的任纪开基故事，就是一则典型的风水故事。类似的讲述高演风水的故事还有很多。为便于分析与说明，兹先将这些故事录出。

---

① 被访谈人：任妙琴。访谈人：朱霞、王宇琛、关静。访谈时间：2016年9月19日。
② 被访谈人：任启兰。访谈人：鞠熙、王宇琛、王辉。访谈时间：2016年9月18日。
③ 被访谈人：任照儿。访谈人：鞠熙、孙英芳、王辉。访谈时间：2016年9月19日。

第六章　村民的精神生活

任氏开基

任氏开基祖七岁时，给山下姓何的舅舅放牛。在山上这块叫上阳的地方，他放牛，牛吃饱了睡，睡好了也不回去。路过一个人问：这牛吃饱了不肯回家是怎么回事？其实这个人是位风水先生。风水先生说：这个地方好，你向你舅舅要，以后就在这里安生。他舅舅们觉得这一块地都是长杂草的，没太大价值，就给他了。他又去问风水先生，接下来该怎么办。风水先生让他在这里开山、造田、造屋，繁衍生息。后来这头牛上天成仙，留下一枚脚印。脚印现在就在高演通往大约七里处凉亭后沿。

原来的廻龙桥那里是个湖，湖边两山合拢。他努力开山，要把湖水排出去。白天开，两山晚上又合拢。原来这是雌雄双山，永不分开。他又去问风水先生，该怎么办。风水先生说："你杀一头白狗，来祭一下，祭一下那山就不合拢了。"他就杀了白狗祭，祭了以后呢，挖山脚挖到了一对没有开眼的凤凰。凤凰被他一挖，就飞到南边山上，因此南边那座山叫飞凤山。这样，雌雄双山就开了，流出一条水道，再也不合拢。开基祖就在水道上面建了环胜、廻龙、清风三座桥。刚开始时桥是单孔石拱桥，到七世发迹之后，才修成三座三层木桥。

雌雄双山

廻龙桥南北两座山，一雌一雄，暮开朝合。这两山阻挡水流，让村里人苦不堪言。村里男人都出村了，村里只剩下一些妇女。妇女只能晚上出来倒尿桶。妇女都希望在外地的男人们回来，帮自己干体力活。一天，从江西来了一位风水先生，他对妇女说："我可以帮你们。你们用白狗祭山，男人们就会回来"，妇女们这样做了，两座山果然再也不合了。两只凤凰从山底下飞出，变成了村落南边的飞凤山。本来，村里的男人都在外面做官,现在男人回来,如此一来,高演村的好风水就破了。

一百猢狲转三圈

以前,一百个猢狲见此地地势、风水好,想在此做好事,从山上跑到这里来,却被河州的铜钟声音吓着,因此在山垄上跳了三跳、停了三次,每停一次,就在山垄之间形成一个圆形的盆地,这就是今天高演的"三个金盆"的地貌。三个金盆串联起来,这是很好的风水宝地,因为圆盆能守住风水。而且,从外面看不到村里的水口,这样一来,风水就更不会流走了。

金鳅下平湖

村里埋葬开基祖任纪的山岭是龙脉,龙脉是直的,从力学角度上来讲,垂直的重力就很大,这样风水的力道就很大。而且,这条龙脉不是很高,这样风水就会完全被盆地接住,不会流到外面去。从远处看来,这条龙脉就像一条泥鳅一样,直直插入盆地平湖中。金鳅到了水里,就活过来了,高演的风水就活了。另外,以龙脉为基准,左山为青龙、右山为白虎,本来青龙应高于白虎,但可惜现在高演的白虎略高于青龙,这也是高演风水虽好,尚有美中不足的一点。

高演的风水被破坏

环胜桥有三层,风水极好,造起来后,据说是会出大官。结果村里来了个阴阳先生,他出坏主意,对村民说:"这个房子,得造个钟楼才好,初一十五敲敲钟,这样村子会太平一点"。村民立刻找人修钟楼。挖地基时,第一天挖下去,第二天土自动埋起来。第三天挖下去后又土自动埋起来。村民问阴阳先生该怎么办。阴阳先生说:你挖好地基,需要杀一条白狗祭祀。祭祀之后，土里出现一对没有开眼的凤凰。因为凤凰没开眼就被阴阳先生破坏掉，因此村里没有出大官。阴阳先生来自福建，他怕高演风水好过福建，因此出这个坏主意。

豸顶山鸡鸣

高演最高的山叫做豸顶山，山上有两块高耸的大石头，好像神仙把它飞来叠在这里。豸顶山的鸡一鸣叫的话，全村的狗都跟着沸腾了。因为它地势最高，鸡叫的话，村里的狗都能听见，以为天亮了，就开始热闹起来。这座山不给葬，如果葬了以后，全村的鸡都不啼了不下蛋，所以也没有人往这里埋。村里总体来说还是比较守规矩的。

上述风水故事涉及高演村中目所能及的所有山脉与水流，且精确地描绘了每种地形地貌的特征。通过这些故事，高演村民给身边的山川河流都赋予了意义，这种意义有如下一些特点。

第一，山川河流的"本体"都是有灵性的动物，或是凤凰，或是猴子，或是泥鳅。这些动物有情感，也有主观能动性，换句话说，具有主体性和人格化的特征。以动物形态存在的自然可以与人类对话和沟通，但它们毕竟与人类不同，因此能否对话成功，关键在于人类是否掌握相应的知识。这种特殊知识总是由来自外部世界的风水先生掌握，高演村民讲述风水先生如何识别、帮助或破坏风水，侧面反映了高演村对外部世界的看法。

正因为山川河流可以与人沟通和对话，所以高演村民深信，不存在绝对好的风水，选择葬地应根据每个人情况的差异，好的葬地风水在于能与亡者互相匹配，关键在于人与自然"相合"，如果"与地不合",棺材放进墓穴都会翻倒。①

第二,人类不仅可以掌握与风水对话的知识,从而认识风水、利用风水、匹配风水,人类也可以改变风水,其中最重要的手段就是种树。种树涵养风水的记载,早在乾隆年间任圣德造环胜桥时已有说明。《环胜楼记》中说:"古以里居,取其聚气藏风,是地也,盛栽巨楒以为屏障。"② 楒杉就是藏风聚气、改变风水的宝物。至今,村口清风桥下还留有两株楒杉,村民们视之甚重,都知道那是风水树。树下巨岩一块,村民名之将军岩,取将军把门、守高演门户之意。

除了楒杉,松木也是涵养风水的重要树木。高演人认为,山路、寺庙、坟墓上必须多植松木,其作用不仅是提供荫凉、方便人休息,更重要的在于养护风水,即前面所说之"养箓"。盛栽松树以"养箓"的观念至少从明代开始已经在高演村民心目中占有重要位置。道光《景宁高演任氏宗谱》中录有万历三十年(1602)任氏与王盛法等人立约一份,其中提及,任氏太祖妣的坟墓厝于王盛法家屋后,墓地养箓松杉,"茂盛之至",而王盛法因无识,砍伐坟墓右边松木三根。任家得知后告到县衙,知县判处王盛法、王晓法等"宰猪赛众安坟,又出树价银一两"。两家立约为证,约定坟墓松杉永不许外人纵伐。③ 前文提及嘉庆年间因有人私划坟地引发众房长公议立约一事,起因也是任氏族人为了日后墓地风水而争相养箓。可见,栽种树木涵养风水,是明清以来风水观念中非常核心的内容。

树木除了会影响阴宅风水之外,还与村民的人文仕途有关。高演

---

① 被访谈人:任启兰妻子。访谈人:鞠熙、王宇琛、王辉。访谈时间:2016年9月18日。
② 任制鎯:《环胜楼记》,《景宁高演任氏宗谱》,道光十六年重修。
③ 《王山头》,《豫章》,《景宁高演任氏宗谱》,道光十六年重修。

任氏宗谱中记载的景宁儒学教谕王星联题八景五言古诗中,第一首就是《古木朝晖》:"古木争天立,难将甲子考。只为置身高,惯见曦轮早。清厂午阴中,树根读书好。"① 该诗明确将古木与读书二者联系了起来。

直到民国时期,树木事关村落风水这一观念仍然深入人心。任周杰说,族长的重要任务之一就是保护风水树。以往高演周围一圈都要封山,"山里柴是不能砍的,封林就是保护风水的。如果有的村民破坏了,砍掉了树,要杀猪请全村人吃",还要烧草泥灰、土木灰,在砍树的位置再栽上新树。② 看来,宰猪赛众安坟的做法自明代至民国跨越数百年一直变化不大,在高演人心目中树木对风水的重要性可见一斑。

最后,无论是山川河流,还是树木岩石,高演人给身边的自然都取了名字、讲了故事,其实就是以风水的名义为它们赋予了意义。从此,它们不再是可以被随意对待、任意改造的客体,因为改动环境所影响的不是个人的命运,而是集体的命运。凡是可能触及风水的行为,必须通过集体的慎重审议,并且以集体行动的方式进行。例如,高演村民强调,村委后面的"鱼池"虽然水不多,但绝不能被填埋或被引去灌溉,因为有水才有"鱼",高演才能兴旺有余。村中几棵古树,即使位于人家院内,但也不能随意砍伐,因为多与风水有关。正是在这样的观念下,高演村虽历经几百年且资源贫乏,但仍保持了相对良好的自然环境,这也是高演祖先留给后人的宝贵财富。

---

① 王星:《八景五言古诗》,王星,景宁儒学教谕。
② 被访谈人:任周杰、任妙琴。访谈人:朱霞、王宇琛、关静。访谈时间:2016 年 9 月 19 日。

第七章　崇学向善传统复兴与村落保护实践

进入 20 世纪以来，无论是民间还是国家都开始认识到传统的重要性，并将传统看作一种能够促进区域发展的资源。村庄开始自发地梳理宗族村落的历史，从中提炼出能够代表村庄的特点，与外界积极展开对话、合作与交流。国家给出利好政策，支持古村的保护与开发利用。高演抓住了这个时代机遇，积极寻找自身与外界对接的切入点，探索自我转型之路。

一　崇学向善传统与民俗活动的复兴

在传统的土壤上，孕育了当代高演的文化复兴。这些活动虽然在形式上是创新的、现代的，但最终指向的是村落几百年来不变的主题：团结与发展。

（一）崇学向善传统的发展

因地处深山盆地，与外界相对隔绝，高演村数百年来免遭兵祸，宗族关系稳定，文化底蕴丰富，在科举功名上取得了亮眼的成就。

村中流传的十人九贡传说以及林立的桅杆都展示出此地科举人才的兴盛。任氏族谱上记载，高演村"硕儒名彦，济济英多，家弦户诵，子弟咸秀而能文。每逢朔望，其父兄必召集子弟命题试验，评定甲乙。郡县应试，多得列名榜首，其教育之良，已可概见"①。高演村至今留存有进士、贡生等楗杆36组，并有进士和贡生的楗杆石100多块，分散在文化礼堂广场、原任氏祠堂门口和竹园下任氏祖居门口等处，其中赐进士楗杆2处，其余为贡生功名，可见当年高演村科举之盛。

另外，村中还有"一上加一"的传说，也表现了此地地杰人灵，人才辈出。传说高演村人去京城参加考试，因试卷答题过于优秀，主考官将之另外放开。结果统计成绩的时候把试卷忘记了，这位考生没能进入排名，落榜而归。父亲唏嘘不已，竟一脚踹死了自己的孩子。死了以后，皇帝的圣旨才到，公布为状元之上的状元，也就是"一上加一"。②村中人说这个故事已经相传百年，村头的墓地就是这位状元父亲圣德公的，而村广场中原先树立的贞节牌坊是其妻子的。

对于历史上高演在科举方面取得的成就，高演人向来注意挖掘整理。光绪十六年（1890）高演重修家谱时，专门整理有《任族科名录》一篇，记录下明清从高演走出的170余名制贡、附贡、例贡、乡宾、廪生、增生、庠生、国学生，并请直隶州分州职改就教谕、己酉科拔贡、鸦峰书院主讲严用光撰写了小志。1930年再修家谱时又请前景宁县劝学所所长、清优廪生严品端主持编写了《民国学校毕业》名单，包含中学、中等师范、师范讲习所、高等小学毕业的高演子弟30人。当代高演人在光绪《任族科名录》的基础上，广为搜求，综合家谱、墓志铭等多方面资料，扩充了科名录的内容。在2016年田野调查中，我们搜集到高演新修的《高演古代科名录》1份，显示高演古代曾出进士8人，贡生29人。2021年撰写本书时，收到高演提

---

① 严品端：《重修任氏家乘序》，《高演任氏宗谱》，1931年刻本。
② 详见第六章"崇学故事与共享声望"。

供的《据高演〈任氏宗谱〉记载高演古代科名录》，显示高演在科举时代，有科名人员共计174人，其中进士9人，贡生28人。

虽然这些说法与本县地方志以及《明清进士录》的记载有出入，但大量的景观、建筑、名士遗迹与传说反映了村民心目中高演在科举方面曾经达到的辉煌。对于当地人来说，高演科举人才辈出毋庸置疑，他们从内心为此感到自豪。这种文化意义上的"真实"铸就了当地人以读书出仕、衣锦还乡为荣的心态。虽然时代风云变幻，但高演人历来信奉耕读传家的家族教诲。《景宁高演任氏宗谱》所记《家法十六则》中有"祖先原以诗礼传家、书香继世，凡为父兄者，宜延师造就子弟成才"[①] 的教训，环胜桥书塾内壁有"此根无情竹，打你书不熟。若为儿心痛，莫送此读书"的题诗。

这种崇学的深厚传统与历史情结在当下得到了复兴。高演人相信本村历史上曾进士辈出、人才济济、科举极盛，他们在当下的生活中望子成才，鼓励子弟勤学奋进、回报乡梓。近年来，高演人积极发起筹备和参与举办崇学向善基金会，可以被理解为崇学的心理图式在当代的延续和演变。

高演的上级行政单位是梧桐乡，梧桐乡下辖有11个行政村，2012年总人口达到6190人。2012年6月，在县城工作生活的梧桐籍人发起回梧桐"看、听、帮"活动，希望对家乡有所回馈。在乡党委和乡政府的支持下，他们设立了"梧桐乡崇学向善奖励基金"，由崇学向善基金会管理。这是一个民间公益组织，主要工作内容是奖励梧桐籍的好学学子以及敬老爱亲者。高演任氏族人是基金会的主力军。任启年担任基金理事会的理事长，带头捐款1万元，此后陆续捐资12万。副理事长以上的26人中任氏有9人，占三分之一。捐款人数中任氏占20%，捐款金额占40%。

---

① 《家法十六则》，《景宁高演任氏宗谱》，道光十六年重修。

崇学向善基金会的工作机制是由基金理事会倡议，面向社会主要是同乡会募集捐款，同乡会会员由梧桐乡人自愿参加，每人各尽其力。集体众筹的资金统一放在银行保管，每年评一次奖，在会上将奖金发放到符合条件的人手中。基金会分设"崇学奖"和"向善奖"两种奖项，以及老人爱心慰问金。崇学奖奖励梧桐籍的品学兼优大、中、小学生、每年高考被985和211重点大学录取者、达到一本二本线者。向善奖奖励尚义守信、热心公益、助人为乐、见义勇为以及孝亲敬老的好儿子、好媳妇等具有中华传统美德的梧桐人。爱心慰问金专门发放给梧桐乡90岁以上的老人。截至2021年，基金总额累计达到144万余元，累计颁发"崇学奖"49.66万元，407人次；颁发"向善奖"13.5万元，38人次；慰问90岁以上老寿星264次。

高演村过去有每年二月十五和八月十五举办"祭学羹"的传统，族人在祠堂集会聚餐，奖励考取功名、孝敬长辈的人以及村中的老人。高演人认为，基金会设立崇学向善奖是对村子崇学精神和孝亲敬老习俗的继承。可以说，高演崇学向善的传统在潜移默化中引导着当地现代先进文化的发展，传统的耕读精神在新时期焕发出了新的生命力。

（二）传统民俗活动的复兴

高演各类传统民俗活动的复兴，主要有清明祭祖、以"春晚"形式出现的岁末集体活动，以及重修家谱三类。

清明祭祖。2015年，高演村成功申报了浙江省历史文化古村落，这个消息成为一个契机，重新凝聚起散居各地的高演子弟。2016年4月2日，高演恢复了清明节祭祖活动，祭祖是民间自发活动，村里没有补贴，一桌花费500元，由参加者公摊。高演村旅居他乡的任氏子弟1000余人齐聚高演始祖坟前，举办了祭祖仪式，并宣读了祭文。

祭文由任氏子孙任力刚撰写，回顾了高演任氏宗族的发展历程，表达了建功立业、修身立德的壮志豪情，兹节录如下：

> 始祖睿颖，择此福地，六百春秋，弹指到今。
> 高演之胜，胜在群峰，群峰抱盆，盆镇群峰。
> 开山凿池，灌益乡里，格局奇特，人杰地灵。
> 三桥三盆，廻龙如虹，清风似月，环胜形龙。
> 层楼关口，境似桃源，回环鼎足，拱倚重门。
> 北枕天堂，玄武宠幸，南引飞凤，朱雀有情。
> 东抱津字，青龙漫行，西抚银堂，白虎喜应。
> 中藏瑰宝，不为二心，山环水抱，天人和赢，
> 古楼门前，古木美英，将军拱卫，仙女迎宾。
> …………
> 平治天下，舍我其谁？夫子孟轲，慷慨豪情！
> 上报四恩，下济苍生，天若有情，辅我神灵。
> 持戒布施，业修德炳，忍辱精进，般若禅定。

这次祭祖还有一个重要内容，就是为抢修村里的地标建筑孝诚宫募集资金，高演乡亲共捐资7万余元。晚上，高演文化礼堂上演了由村民自编自演的"乡愁文艺"专场演出，在外的高演老乡纷纷登台献艺，感动了现场的所有人，把晚会气氛推向高潮。

此后，高演人参与祭祖的热情日益高涨。2018年的祭祖活动由村委出面组织，动员了500多村民，共有170桌2000人参与。[①] 祭祖活动的兴盛，从侧面反映出宗族组织在基层社会治理中不断发挥影响力。

---

① 被访谈人：任灵胜。访谈人：岩温宰香、李富运。访谈时间：2018年12月20日下午。

春晚。在高演村这个地域空间里，在历史上是宗族组织维系着人们以血缘为纽带的生产生活，还有活跃的公共娱乐活动将社会网格里的人黏合起来，后者就以"迎神会"这一民俗活动为主要形式。如今，"迎神会"已经不复存在，高演悄然兴起的村落春晚似乎正在取代"迎神会"，重新担负起凝聚村落共同体的责任。

高演村素有爱好看戏演戏的传统。近年来，高演的青壮年均外出务工，村里平时冷冷清清，过年过节没有文艺活动，年味淡薄。2014年，任启年和任阑珠各负担一部分资金，为村里请了戏班子过来演戏，在村里引起轰动。受到此事的启发，任启年决心办乡村春晚，将外出的高演人吸引回村里来，共同助力高演发展。

当时高演的大会堂建于六七十年代，屋顶漏雨濒临倒塌。任启年自己掏腰包、跑部门要支持、发动村两委群策群力，不但整修了大会堂，还增加了音响、灯光、布景等各类设施。为了让群众都参与到"春晚"活动中来，他拿出1800元钱，发动留守的老年人和妇女开展本村"好婆婆、好儿媳、好邻居、好家风"评比活动，再利用这些发生在身边的正能量素材创作歌曲、小品和当地群众喜闻乐见的三句半。晚会主持人也启用高演人充任，他动员在县城工作的任凯宾，以及高演籍大学生任秋玲等回乡主持，还提供丽水市"乡村春晚导演主持人培训班"等培训机会。为了编排具有本地特色的草根节目，他邀请了县文化站陈新民等人进行艺术文化指导。

村里负责出钱，村民自编自导自演的联欢晚会获得了一系列成功。2015年晚会上演了由高演民间故事改编的方言小品《瞳囡买鸡蛋》。2016年，陈新民带领村民将"十人九贡"的故事改编为情景剧《九人十贡》。2017年腊月二十九的高演村春晚热闹非凡，一共举行了将近三个小时。高演春晚不但受到村民的欢迎，在外也获得一系列荣誉。2015、2016、2017年，高演春晚的喜剧小品《瞳囡买鸡卵》，四幕情景剧《九人十贡》和喜剧小品《瞳囡出诗对》参加景宁畲族自治县"凤舞畲山大舞台"总决赛,连续三年斩获金奖。

乡村春晚有利于团结和动员多方力量,加强高演发展的内生动力。为了吸引外出的高演子弟为村里发展献计献策,任启年发动群众邀请在外闯荡的高演老乡回家,还特别编排了常回家看看亲情互动节目,在《常回家看看》的音乐声中,众乡亲无论来自何方,都手拉着手共唱共舞。人们相信,通过操办乡村春节联欢晚会,任姓家族的向心力增强,对增强宗族和村落的凝聚力都有好处。[①] 2019—2020年,受到新冠疫情影响,为减少聚集,高演人才暂停了春晚活动。可以说,高演的乡村春晚满足了村民的娱乐休闲需求,寓教于乐地对村民进行正向文化引导,弘扬了优秀的地方文化,增强了村民的文化认同感和内聚力,比之过去的迎神赛会,其现代功能有更进一步的拓展和加深。

重修家谱。家谱记载了本家族世系和家族中重要人物事迹,重修宗谱能够满足人们认祖归宗的心理需求,被认为是维系任姓团结的精神纽带。

近年来,随着村里外出人员不断增多及村里老年人相继过世,很多族人尤其是年轻一辈对家族渊源缺乏了解,甚至还弄出了不少行辈混乱的笑话。高演村被评为传统村落后,人们"寻根"的心理需求更强烈了,2016 年,村两委提出重修家谱的建议,各生产队队长及一些曾经经手过或是比较了解村史的老人负责收集本队的人员信息及人物故事,收集后将信息汇总至村里老人协会及聘请来的专门老师,请他们一起整理编写。此外,高演任姓有很多迁至周边村落的,也有外迁到标溪等邻乡甚至兰溪县等外地居住的,情况比较复杂,村里也组织专人前往各地一一核对后写进族谱。

族谱的费用由列入族谱的人员平摊,一人 50 元,出资 500 元以

---

① 被访谈人:任振芝。访谈人:刘梦悦、晏秋洁。访谈时间:2018 年 12 月 20 日下午。

上的人奖励一本续修后的族谱。2021年，高演村家谱的世系和各代子孙已梳理完毕，续修家谱的下一步是核对每人的辈分以及相关细节。

二 文化遗产与古村落保护工作

2018年10月，丽水市发展和改革委员会、浙江省发展规划研究院通过了《丽水市大花园核心区规划（初稿）》，旨在推进美丽城乡建设，打造"产居游共融、人景城共享"的瓯江风景带旅游城镇集群。景宁县为响应九个花园自然人文特色定位、坚持差异化发展战略，决定着力打造"畲乡名城"，争当中国特色乡村振兴的排头兵。在乡村振兴战略的推动下，高演获得了新的发展机会。

（一）政府政策与投入

2018年，县领导及农业局到高演村进行调研，先后实地察看了马仙行宫、任氏祖居、廻龙桥、孝诚宫等建筑，深入了解了高演村历史文化、非遗文化和古建筑的保护与传承情况，对高演村的保护与发展工作提出了三点要求：一要注重保护与挖掘，要深挖掘、广调查，旁征博引，保护传统村落的历史、文化、艺术、科学、经济和社会等价值。瓦片翻新和墙体修固等需要全村统一方案，形成系统、完整、有古味的村落体系。二要注重创新与弘扬，在保护好传统村落、文化的同时，要创造出新的、特有的优秀价值观、习俗、技艺等，让传统村落焕发独有活力。三要注重宣传与引导，要全方位、常态化地开展传统村落保护的工作指导和宣传引导工作，并吸收当地村民的好建议，激发当地人参与的积极性，提高其对传统文化资源的认知和了解，增强全民保护传统村落的自觉性。

随后，景宁县发展和改革局下发了景宁畲族自治县梧桐乡高演村历史文化名村保护规划，文件包括：省建设厅《关于进一步做好历史文化名城名镇名村保护管理有关工作的通知》（函规字〔2018〕417号）、省建设厅和省文物局联合下发《关于开展第六批省历史文化名镇名村街区申报工作的通知》（函规字〔2018〕96号）。杭州市城市规划设计研究院在保护和塑造村庄公共空间的问题上，与高演村落特色进行有机结合，分别从宏观、中观及微观的层面上制定了塑造与保护策略。①

第一，是对高演格局及区域环境进行整体保护，结合重要节点空间，打造提升特色地形地貌。规划首先在村庄外围划定了34.43公顷的范围作为环境协调区，在该区内严格保护水塘、耕地、果林等自然环境要素，保护自然水体界限不被侵占、山体植被不被随意砍伐破坏。其次，在外围山体与村庄公共空间之间建立景观视线通廊，如规划建议拆除村庄北入口广场与背景高山梯田间的阻挡物。

第二，规划不改变古村内部传统空间脉络，严格保护街巷原有的组织体系，保持街巷空间尺度及沿街界面的连续性与完整性，拆除历史建筑周边搭建的破旧棚廊等，增加庭院绿化。在建筑方面，无大拆大建，以保留和修缮为主，针对每一栋建筑制定修缮措施图表，对重要的文保建筑及拟保建筑制定详尽的保护措施。

第三，尊重建村之初的营造逻辑与村民生产生活规律，因地制宜打造高演公共空间序列。高演原进村口位于东南侧，是"三桥环胜"风水格局的重要组成部分。后来由于建成省道，村庄开通了与省道相接的道路，入口变成了西北侧。规划拟充分利用村庄北侧的谷地，打造牡丹花海或采摘果林，增加北侧人流量与清风桥入口的使用频率。

---

① 陈海涛：《传统村落公共空间特色塑造与保护策略研究——以景宁畲族自治县高演村传统村落保护发展规划为例》，中国城市规划学会、杭州市人民政府编《共享与品质——2018中国城市规划年会论文集（18乡村规划）》，2018年9月。

第四，结合村庄特色文化提升建筑功能，为高演日常活动提供空间载体。规划将高演村的特色公共建筑改造成为展示文化遗产的空间；在民居的改造上引导加入农家乐、民宿等功能；在村内闲置辅助用房的改造问题上，或是保留生产功能，做好卫生清洁，对外开放作为游客观光体验点，或是将原有功能置换为休闲娱乐等服务功能，进行外立面局部改造和室内清洁美化。

目前，村内正在按照规划方案进行逐步整治。村北清风桥前的清风塘已整治完毕，正逐步实施民居的修缮、桥体的修建及路面铺设等工作。村内大会堂已修缮完毕，并举行了多次民俗表演活动。

在传统村落保护的大旗下，地方政府对高演发展持支持态度，在资金和配套政策上都有切实的举措。2020年4月，梧桐乡新书记刚走马上任，就5次亲访高演村。他希望拿出200万元支持高演村修建古文化、原生态融合的"进士路"，争取年内完工，促进当地乡村旅游业的发展。

（二）高演村的实际保护工作

2016年，高演村被列入住房城乡建设部等7部门公布的中央财政支持的中国传统村落名单，任姓村两委积极投入，将村落建设与传统村落保护结合起来，取得了明显成效。从2017年到2018年，高演村进行了如下传统村落保护建设：

1. 基础设施修缮与保护

（1）整修村容村貌

我们在调研走访过程中发现，高演村的村容村貌发生了比较大的变化。比如，以往临近主要道路的墙面采用夯土法建造，有夯土的痕迹，在此次传统村落保护中为了达到验收标准，临街墙面被统一粉刷为整齐的土黄色墙体。此外，原先道路两旁的断壁残垣被拆除，搭砌起更加结实和整齐的墙壁，虽整洁了村貌，保障了安全，但院落之间的天然间隔被高墙厚瓦取代，人与人之间的距离感增加，道路也略显拥挤。同时，之前屋顶上残破的砖瓦被重新铺设。只是高演村以前的房顶用的是黑瓦，此次统一用红瓦修补，红黑相间，不甚协调。

图 7-1　大规模重修后桅杆林立的高演村

（2）马仙行宫和老戏台的修缮

为了体现高演村的文化特色，马仙行宫（现为文化礼堂）中布置了当地非遗项目根雕展览，村民的书法作品也被刻成楹联挂在了马仙行宫的立柱上，此外，老戏台上添设了一块牌匾"老戏台"。2017年2月25日，国际摄影协会温州分会43人到高演摄影，拍摄的高演马仙行宫老戏台雪景参加全国摄影比赛获得了第二名。

另外值得一提的是，原先马仙行宫门口的功名桅杆之前只存一根竖杆，今年被重新加上了斗，村民介绍说，"有斗的是进士，没有斗的是贡生"。高演村还根据太公画像，为村里出过的九位进士铸造铜像以示纪念，铜像群被安放在高演村礼堂广场。高演一直流传有出过多名进士的说法，如果说过去人们传扬这些信息的目的，一定程度上在于以读书入仕的荣耀加持个人、家族以及村落的声望，那么到了现代社会，这次为围杆加斗、为进士塑像的做法则进一步体现了高演人希望通过彰显村里的文化资本，为村落积累声望、吸引外来支持的想法。

（3）孝诚宫的修缮

2017 年，高演村两委换届，新的班子较为重视孝诚宫的修缮与保护。在村委的号召下村里几百人捐款，共集资 11 万余元，使孝诚宫得到了基本的修缮。孝诚宫内部设施花费较多，虽然还没有立神像，但加上请人表演、村民吃饭等，开支一下超出了捐款总额，产生了欠款。村委本着公开透明的原则，将这些用于修缮及保护的每一笔支出都记录在册，并在全村公开，随时受村民监督。[①] 在村民的捐助及游客香火钱的帮助下，欠款正逐渐被填平，这在某种程度上也是高演古村落旅游发展战略取得经济效益的一个具体反映。

（4）修复任公祖居

任公祖居是高演任氏第十四世祖任宗蔚的居所。为了维护祖宅原貌，修复的原则是可继续使用的木材原料被原封保留利用，实在无法使用的材料用新的木材替代。这种修复方法难度高、成本大，比如修复门柱时，若整根柱子除了一小块腐烂的地方，其他地方都是完好的，就将腐烂的地方挖掉，填补进新的木材。目前任公祖居的修缮已经花费 230 多万元，由浙江省历史文化名村专项资金

---

① 被访谈人：村主任任金平。访谈人：鞠熙、武千千、胡潇。访谈时间：2018 年 12 月 20 日。

支出。

(5) 重修环胜桥、廻龙桥和清风桥

高演有环胜、廻龙和清风三座廊桥。环胜桥在1989年被评为县级文物保护单位，2011年成为省级文物保护单，2013年提升为国家级文物保护单位。2016年以来，由景宁县文化局牵头，请古建专家论证，高演于2021年对环胜桥进行了保护抢修。廻龙桥是由村两委组织，投入了十几万元在老桥的基础上重新修缮，资金来自传统村落保护的财政支持。清风桥仍然是在村两委的组织下，投入资金一百多万元，由村民捐款修建成三层高的廊桥。在前村支书任振芝看来，国家对传统村落的财政支持为村落建设提供了基础的资金保障。修建廊桥，不仅使村落外貌得到改观，也在村民心中搭起了通往村落文化认同的桥。

图7-2 任公祖居

第七章 崇学向善传统复兴与村落保护实践 163

图 7-3 古居内任宗蔚塑像

（6）重建钟楼

矗立在孝诚宫左侧山巅的铁钟在大炼钢铁时期被毁坏。2018 年，村两委组织本村人出工重建钟楼。2021 年回访时，钟楼已经重建完毕，形制完备。遗憾的是，村民传说钟内壁曾刻有记录高演历史的铭文，在重建后将无法得到恢复。

（7）保护古井

高演民居群北部有一口水质清洌的古井，该井是酿酒的理想水源，也是村民信仰的神性水井，现在人们搭建了简易的木棚将之保护起来。2017 年修路时，有人在水井附近挖出一块石碑，上书"泽被芝兰"，后将这块碑砌在水井上方。

图7-4 修复后的钟楼

图7-5 高演古井与石碑

（8）保护古树

高演人素重养篆植树以涵养风水。现村内外有百年以上大柳杉、杉木、枫香、马尾松、柏木、苦槠等合计41株，其中树龄最久的两棵柳杉分别位于椹树根头和兰垄岙，这些古树500年来一直默默守护着高演。高演的古木形成了良好的生态古树群，被逐一编号列入景宁畲族自治县高演村省级历史文化名村古木保护规划中，予以专门保护。

另外，村两委也于2018年提出了恢复祠堂的申请，建议在小学校址上修建新祠堂。高演村通过国家政策获得了一些实惠，村容村貌有了提升，文化古迹得到修复和保护，基础设施得到了更好的修缮和保护。

图7-6 环胜桥旁古香柏树

图7-7 高演古道旁的古香柏树

2. 文化遗产的二次阐释

在全国古村落保护政策的推动下,高演村的文化遗产得到了较为全面的修缮保护。同时,村民也在灵活地使用这些遗产,他们根据外部的经济、政治和文化环境的变化,将村子里的景观组织起来,重新阐释其价值与内涵,赋予它们丰富的当代意义。

近年来,中央大力提倡廉政建设,2020年景宁县纪委举办全县"十佳清廉村居"评选,高演由梧桐乡纪委推荐,经过事迹陈述、线上投票、评审组联评、县纪委审定等严格的评选流程,获得了"景宁县十佳清廉村居"荣誉称号。以此为契机,高演的街巷景观围绕着"劝人廉政"的主题被重新组织起来,取得了良好的宣传教育效果。

高演的风水三桥中有"清风桥",取名时原本取清风徐来之意,现在高演人从中引申出训诫人清廉守己的含义。清风桥门旁有"将军石",传说外人从此处进村,文官落轿,武将下马,原本体现了高演文名之盛让外人不可小觑,后寓意为官应亲民实干,不搞官僚主义。与将军石遥相呼应的是村头路旁的两对古"石镜",石镜本是村庄不同分区的标志物,高演人将之引申为"照心镜",意在提醒后人随时注重清廉,与习近平总书记提出的"拉拉手、洗洗脸、照照镜"的党员干部清廉守则相呼应。孝诚宫旁重建的钟楼和铁钟,被赋予了警钟长鸣、警醒人心的含义,店廊则被认为代表了公正民主的原则。高演人还将文化礼堂门外的祖宗进士铜像,阐释为清官的代表,高演人的祖先传说也相应转化为劝人廉政的故事。村东竹园下的古井由于水质清澈,高演人将其阐释为"清泉",称高演外出当官游子回乡后为表示自己清廉为官,都会在这里饮一瓢水,清泉提醒人们做人做官要清白清廉。

图 7-8 高演村头路两旁的石镜

除了结合当代思想教育最新导向重新阐释村容村貌,高演人也灵活利用各种传统文化作为廉政宣传的手段。例如为了让人们对廉政有具象的理解，村民使用了朗朗上口的快板形式，组织起农民大鼓队、瞳囡文工团、广场舞蹈队等宣传队伍，自导自演"清廉快板"四处传唱，内容涉及清廉村居、三资公开、五议两公开、民主决策、工程项目管理、财务管理等16个方面。高演还常年开展"家风家训"的评比，清廉文化就是其中的一项重要内容。这些举措都促进了崇德尚廉、清朗向上文化氛围的形成。

附　录

一　古今诗词

　　高演村在群山环抱之中，风光独特。清代，曾有景宁儒学教谕王星造访高演，作《八景五言古诗》。2016年9月，在第四届"崇学文化节"期间，高演人任传振、任妙琴邀请丽水、南城、莲都、景宁的诗词楹联学会会员前往高演采风，创作出一批诗词作品。兹从古往今来的作品中，择取其中描写高演标志性景观和建筑的部分诗作如下。

古木朝晖

（清）王星

古木争天立，
难将甲子考。
只为置身高，
惯见曦轮早。
清厂午阴中，
树根读书好。

雾岗夕照

（清）王星

夕阳到西山，
螺端齐照耀。
雾岗峨然来，
势独居其要。
徙倚望晴空，
一派红于烧。

金峰晴岚

（清）王星

山形如星角，
舒拱排一座。
日出清如洗，
岚头撑扑亚。
白云似有心，
往来如避舍。

凤山霁雪

（清）王星

天公为玉戏，
一夜千山白，
太阳遍地来，
琼瑶化为液。
年年凤山坳，
皑皑有雪积。

豸顶闲眺

（清）王星

山势匝驱环，
圈豚排竹树。
稻田青折叠，
万尾鳞鳞露。
一览快双眸，
相将豸顶去。

云庵幽憩

（清）王星

欲扑三斗尘，
须入云庵内。
诸佛与众真，
一一瞻意态。
不风人自凉，
既来还思再。

叠石呈奇

（清）王星

此石谁叠来，
迹奇理殊怪。
岂是夸娥移？
举之如拾芥。
倘遇米南宫，
想当一百拜。

三桥环胜

（清）王星

山川须锁钥，

结撰可凌空。

桥成三虹影，

更教气象雄。

倘有骑驴客，

诗思将毋同。

竹榿奇缘

（蓝明法　景宁）

铁干虬枝默倚天，唐鳞宋爪鹤知年。

晨莺渐锁深春曲，晓翠初含浅夏烟。

抱得云雷惊旧梦，擎将日月唤新贤。

旭华滋顶时沾露，虎子龙孙济世绵。

沉沉岫影垂安幕，点点窗灯漏暖光。

绮丽村容偏爱晚，回眸已觉彩屏张。

演庄纪行（二）

（蓝明法　景宁）

演峰岑峙远嚣尘，势蕴乡贤俊业身。

历数桅杆光朴筑，星灯如炬耀长春。

天堂垟留题

（任妙琴　高演）

天堂远眺群山小，黛岫连绵脚下云。

漫野青蒿山径没，迷眸白絮日轮曛。

稻田草垛添童趣,桂蕊香波伴暮氲。
一过寒冬春不远,拟将新句再酬君。

旧民居

(陈华敏　景宁)

镂窗斗拱马头墙,历雨经风岁月香。
远志在胸游四海,何曾忘记我家乡。

重上高演

(吴耀金　景宁)

清溪雨霁意朦胧,万亩药材绿意浓。
三座廊桥藏古韵,潺潺流水唱东风。

孝诚宫

(毛荣耀　景宁)

灵风秀气聚仙宫,
护佑村民幸福中。
画栋雕梁成故事,
庶民依旧展辉煌。

高演古巷

(何益林　丽水)

古巷迢迢欲近天,
绝尘悄入已成仙。
沿途麻雀频叨好,
转角鲜花爱意牵。

高演水杉

（何益林　丽水）

历尽风霜数百年，
满身疤累欲通天。
垂垂老迈轰然倒，
也化桥梁架碧川。

高演水田

（何益林　丽水）

旧茬去岁今还在，
时照甜泉思往秋。
漫步田边听鸟语，
稻香阵阵绕身稠。

二　机智人物疃囡的故事

疃囡是一位高演的机智人物，生活在清道光初年到光绪朝前期，在浙、闽、赣三地都流传有他的机智故事（有关疃囡故事的讨论，详见本书第六章"祖先故事与公益劝善"）。疃囡故事是高演人集体记忆中重要的组成部分，反映了高演人对祖先形象的多重认知。景宁畲族自治县梧桐乡文化站的副研究馆员陈新民老师长期深入景宁各地走访调研，收集整理了不少疃囡故事，兹收录如下。

（一）疃囡巧改讼状

从前有一位农民上山砍竹，不料竹从山上溜下来，将下面正路过一客人敲死了。死者家属便写状到衙门告他，状纸中有一句关键词："溜竹伤人致死……"

这位农民一听说要打官司，吓得手足无措，旁人提醒说："梧桐高演村有位瞳囡先生才智过人，何不去请他帮忙。这农民一听饭也顾不上吃，匆匆赶到梧桐高演找到瞳囡先生家，一进门就跪地求拜，请瞳囡先生帮忙打官司。瞳囡先生一边答应，一边扶起农民，他到了衙门拿过状纸看了看，把"溜竹伤人致死"改为"竹溜伤人致死"。

待到衙门开庭审理，县官接过状纸一看，说："竹溜伤人，分明是竹自溜下，不可抗拒，怨不得他人，无罪，无罪！"

（二）瞳囡智留财主囡

传说在福建寿宁山有一个张姓财主，老婆早年去世，家里只有一个十八岁的囡，聪明伶俐，人又长得十分好看，财主老爷视为掌上明珠。

张财主是个老实安分的人，每一任县官来此，他都吃了不少亏。吃县官的亏也就罢了，还要时不时地吃地方上的赖棍、地痞流氓的亏，想想真是气人。有朋友对他说："古话说得好，结识衙门三代富，你若是把衙门结识好了，还有啥人敢来敲你的竹杠，给你亏吃！"张财主一听觉得挺有道理。

没过多久，县衙又调来了一个县官，张财主真的拿好多银两去拜访结识县官。之后两人来来往往，吃吃喝喝，合得相当好。张财主还叫囡拜县官当亲爷。从此，两家走得更亲，地方上也没有人敢欺负他，敲他的竹杠了。

时间很快过去了三年，县官任期快满，他十分喜欢财主囡，想想她家有钱，我家有势，若把财主囡许配给我儿，也算是门当户对。县官便对张财主说："你囡我十分喜欢，到时我准备将她带走……"

张财主一听，不觉吓出一身冷汗，自己就这么一个独生囡，还要靠她传宗接代呢。但又怕县官的势力无法反对。听人说浙江景宁梧桐高演村有个叫瞳囡的先生十分有本事，他随即叫来四个轿夫拿了300

两白银去抬瞳囡先生。四个抬轿的来到梧桐高演村村头，碰到一个衣裳破破的担尿桶人，便向他打听瞳囡先生家住哪里，担尿桶人朝前一座破屋一指，便转身去了。

原来这担尿桶的人就是瞳囡，他一看有人来打听他，就早知道一定是来请他的，便随即放下尿桶，匆匆往家赶，偷偷从后门进去，连忙换上一件半新旧的粗布衫。刚刚打扮好，那四个抬轿的就走了进来，他们一看瞳囡不就是刚才那个担尿桶人，便把财主拿给的300两"入门孝"克扣了250两，只给瞳囡50两。

瞳囡来到财主府上，张财主立即将事情的一五一十告诉了他，瞳囡一口就答应下来。张财主一听大喜过望说："先生，县太爷后天便要起身了，你快把办法告诉我吧。"瞳囡先生动笔开了一张办货单递给张财主，说："你叫人去把货单上面的货办来，县官后天早上起身，你便在后天天亮时请酒，同时你把寿宁县城有名望的人全都请来，县官那桌安排最有名望的绅士坐，县官坐上头，我坐下头，酒壶要交给我，我保证你囡带不去"。

那天一早，张财主家果然大办酒宴，十分热闹。酒至半筵，瞳囡先生提着酒壶来敬县官酒，几杯酒下肚，瞳囡一只手提着酒壶，另一只手掌摊开，又推又敬，县官隐约看到瞳囡手掌中写有字，仔细一瞄，手掌中的字看得十分明白。瞳囡好像没事一样，仍然又去敬其他人，手掌也摊开给其他人看，大家口虽不说，心里却明白是怎么一回事。这时，瞳囡偷看县官面色变样，知道大功告成，便借口到别桌敬酒去了。

县官知道自己遇上对手了，连半个"囡"字都不敢提，匆匆忙忙上船走了。

张财主一看十分高兴，问瞳囡先生用的是什么法子？瞳囡伸出手掌，原来手掌上写"兄妹不合婚"五个字。

张财主佩服得五体投地，好酒好肉款待留住几天，风风光光地将先生送回高演，并又送给他 300 两白银。从此以后，瞳囡先生的名声便轰动了整个寿宁城。

（三）瞳囡智出对子写对联

瞳囡家里很穷，老丈人欺贫重富，很是看不起他。

有一次，瞳囡的丈人 80 大寿，很多人都送来寿联，当然也少不了瞳囡做女婿的对联。写什么好呢，瞳囡想了想，寿堂正中已贴上"寿"字，瞳囡就叫人在两边贴对红纸，当堂写对联。

来拜寿的人都晓得瞳囡有才学，想看瞳囡当堂写对联。瞳囡提起笔在红纸上横写"真老乌龟"四个字。

来拜寿的人一看，替瞳囡捏一把汗，把老丈人比作乌龟，胆儿也太大了，但又不敢笑出声。

老丈人见厅堂热闹，抬头一看，正要发火，只见瞳囡不慌不忙的提笔在"真老乌龟"四个字下面写了两副对联：

真真丈人
老老朝臣
乌乌纱帽
龟寿万年

众人哗的一声，拍手叫好，瞳囡丈人一看，也摸摸胡须笑了，从此对这个穷女婿另眼看待。

（四）瞳囡智惩恶少爷

过去，有三个财主儿到处敲竹杠，欺压良家妇女，瞳囡晓得后就暗地里让他们吃了几次亏。三个财主儿就恨死了瞳囡，一直想寻他出气，可连瞳囡长的啥模样都不知道。还出什么气？

有一天，三个财主儿又碰在一起，还是恨瞳囡怎样坏怎样坏，商量着要寻机捺瞳囡吃粪。偏偏这些话被瞳囡听到了，心想，就凭你们几个货色也想捺我吃粪？我倒要看看到底是谁吃谁的粪呢。话说着，瞳囡走到前边角落处拉了一泡屎，然后把带在身边的几个馒头用手巾包起来，挂在路边的树枝上，随后躲了起来，偷偷地窥视着。

三个财主儿正边走边说话着，其中有一个看到了树上的手巾包，还以为是啥宝贝呢，赶紧去拿了过来，解开一看是馒头，哪管三七二十一，各自一个抢过来就吃了起来。这时瞳囡看着他们吃得差不多了，就故意慌里慌忙从他们面前经过说："刚才我有个手巾包挂在树枝上不知你们是否看到否？包里的馒头是放有毒药拿来毒山兽的，人如果吃下去是会死人的"。三个财主儿一听吓死了，赶紧拖着瞳囡求救命。瞳囡假意装的很着急，突然他一拍脑门说："倒是有办法救你们，就怕你们不肯听我话。"三个财主儿急忙说，"听！听！只要能救我们。"瞳囡说："我听人说过，吃了这种药，只有新鲜人粪才能解毒。"那到哪里去找新鲜的人粪呢？三个财主儿正在为活命着急，瞳囡用手一指说："那里不是有现成吗！"三个财主儿一看路边角落头正好有泡还散发着热气的新鲜粪便，也不管臭不臭，抢着抓起来就吃，一泡粪便不一会就被抢吃的干干净净。这下瞳囡笑了起来说："喂，粪便的味道好吗？你们三个刚才不是说要捺粪给我吃吗，这下你们佁是连捺都不要捺了。"三个财主儿一听，才晓得上了瞳囡的当，哭也不是，笑也不是。瞳囡看到呆若木鸡的三个财主儿顾自而去。

（五）瞳囡买鸡卵

何庄有一细庚，口嘴十分轻飘，有一次家里有一筐鸡卵叫他送到高演村去卖。经过高演高山凉亭，正碰到瞳囡在凉亭内乘凉。瞳囡问："细庚儿到哪里去？"细庚说："我妈叫我拿鸡卵送高演去卖。我妈说，高演有个赖粒叫瞳囡，这个人嘎吓人的。"瞳囡说："哪不定嘎哩,是他们谣言。"细庚说:"当真嘎,嘎吓人。"瞳囡说:"细庚,鸡卵大否?若大我也要买鸡卵。"细庚说:"不卖,碰到瞳囡就倒霉了。"瞳囡又说:"卖几个给我,我价格出高点。"细庚一听价格出高点就同意了,怎么卖?瞳囡说:"呦!外面有块岩头,你将手围住,我将鸡卵摆出,拣最大的,给你最高价钱。"细庚同意了,将手围住岩头背,瞳囡将一筐鸡卵摆好。笑着说:"细庚儿,口嘴莫轻飘,我就是高演瞳囡,下次讲话注意点。"说着,顾自扬长而去。细庚无主意,手又不能放,放了一筐鸡卵就没了,那岩头背是有坡度的,松下手岂不全部鸡卵报销。细庚没办法,只得乖乖在这里等过路的人来帮忙。

(六)瞳囡争媛眷

有一次,瞳囡经过景宁豆腐岭凉亭正想歇歇脚,正巧凉亭内也有两夫妻在那里歇脚,凉亭相见遂互相打招呼,并双方问对方是哪里人。瞳囡告知对方说是高演人,对方男人口嘴真"轻飘",说:"你是高演村的?听说高演村有个'赖粒'叫瞳囡,这个人赖吓人的。"瞳囡说:"也不见得,是那些人专讲瞳囡坏话罢了。"这个人还一口一个"真"的在重复,瞳囡说:"你又未见过瞳囡,你怎晓得是真的?你见过瞳囡吗?""我未见过,但我相信是真的。"就这样你来我去争执着,谁也不歇嘴。这时那个媛眷客刚好将衣服撩上给孩子吃奶,被瞳囡斜眼看到媛眷客奶乳下有一粒"黑痣"。瞳囡心想,这下要教训你这个口嘴轻飘的家伙,不然,你还不知道"阎罗王"三只眼的利害呢。

瞳囡看男人挑着担,媛眷客抱着细庚儿很吃力,快到县城时就说:"你抱细庚儿很吃力,我帮你抱下吧。"接过细庚儿,三人有说有笑地进城。

快到景宁县衙门,瞳囡看到有两个公差正从衙门门口过,突然上去一把柯牢媛眷客说:"老婆咱回家去!"媛眷客被他拖着一脸矇然不知去向,就被瞳囡乖乖地拖着走。那男人听瞳囡叫老婆,又见瞳囡一手拉着老婆,另一只手抱着婴儿,慌忙丢下担就赶向前与瞳囡扭在一起,引来了很多人看两个男人争老婆。两公差也不由分说,将三个当事人一并抓去见县太爷。

县太爷升堂问案,原来是两男人在争媛眷客。县官问:"你两人都说是你们的媛眷,有何证据证明?"那男人说:"没有。"瞳囡高举着手说:"县太爷,我媛眷奶乳下有颗黑痣的。"县官说"这容易",就命差役当堂验证,差役验罢,回禀老爷说:"奶乳下真的有颗黑痣。"县官当堂判令"媛眷客"由瞳囡带回,责令差役当堂给那男人来个三十大板,以惩效尤。

那男人懵里懵懂地吃了个哑巴亏,正火急火燎地往门外赶,在大门外,瞳囡一脸正经地说:"出门人,口嘴莫轻飘,你勿知,我就是高演瞳囡。"说罢,丢给他三块白洋钱,"老婆归还你,这三块钱你拿去买点药,就当买个教训吧。"羞得那男人无地自容,点头作揖一口一个"瞳老爷"。

(七)瞳囡智救童生

相传处州府太爷有个囡,人长得端庄秀丽,待字闺中,正想选个门当户对的女婿。有一年正逢处州十县府试会考,景宁也有许多童生前去参加。府太爷想趁十县童生前来会试期间,挑选一个如意女婿,便命手下人在自家庭院中搭起一个"绣球台",让囡站在高台上看,让十县的童生都从台下面经过,囡看中哪个,就以抛绣球选谁做女婿。

十县童生早就听说府太爷的囡长得十分生好,到了预定的选婿日子,台下早已站满了人。那府太爷的囡站在台上往下面一看,台下顿时发出了"哗"的一片叫声,真心生好。这时有人提议说:"谁胆大，敢去撞撞台柱子，也不枉来到处州府看府太爷新好囡。"这时有缙云童生胆量特大，别人是说着玩玩的，他们偏偏动了真格，上前一齐用力，将肩头向台柱子撞去。不料高台搭得不牢固便倒了下来，将府太爷的囡从高台摔了下来，还好人伤得不重。

府太爷见有人闹事，大发雷霆，误听把"缙云"当作"景宁"，一气之下，把景宁去的童生全部关了起来，不仅不给考试，还要严办。

听说景宁的童生闯了大祸，被府太爷全给关了起来，消息传到家里，大人们都无了主意，思来想去都想不出解救的办法。有旁人说，梧桐高演有个叫瞳囡的先生机智过人，还专为穷人打抱不平，去请他帮忙，一定有办法。话罢，大家凑钱雇轿直奔高演村来请瞳囡先生。

来人说明经过，问瞳囡说："先生，你说无事吧!"瞳囡胸有成竹地说："没事。"抬轿的人抬抬又问："先生，你说没事吧？"瞳囡说："我告你们无事就无事，放心好了。"四个轿夫轮流抬，轿子到了云和石塘，只听轿杆"嚓"的一声断了，瞳囡从轿上摔了下来。这一摔把瞳囡摔出了办法。到了府衙，瞳囡马上去见府太爷，爷太爷见瞳囡是"白身"，又在气头上，对他十分冷淡。

瞳囡一见府太爷就开门见山地说："太爷，你已是死到临头了，还在摆什么臭架子？"瞳囡说罢自顾自往外走，还边走边自言自语说："我好心来解救你，你倒这样自高自大看不起人，不帮也罢，你就等着倒霉吧！"

府太爷一听，觉得不对，慌忙一把拖住瞳囡，但转而一想，堂堂府太爷让这高山人吓了不成？瞳囡不慌不忙地坐下来说："本朝太祖谢世还未满三年吧？"府太爷屈指一算说："还差三个月。"瞳囡说："按先朝规矩，太祖驾崩，全国都要守三年国孝，你晓得吗？"瞳囡接着又说："你身为一府太爷，不能连这都不懂吧，你还搭台选婿，还无缘无故把这些童生关起来，你该当何罪？"

府太爷被瞳囡一顿数落，吓出一身冷汗，赶紧一把拖牢瞳囡求救。瞳囡故意板着脸说："你这事说简单也简单，说麻烦也很麻烦，就看你有没有这诚心了。"

府太爷晓得这次碰到麻烦了，只好按瞳囡的意思，摆起酒筵作请，又拿出银两送给瞳囡，求他给个办法。待到瞳囡酒足饭饱，收下府太爷孝敬的银两，才慢吞吞地说："你把那些童生放出来，好言安慰，倒贴他们银两，送他们回去，只要童生不闹，就没事了。"府太爷依瞳囡的话，把那些童生全都放了出来，办酒筵请他们吃，好言安慰又倒贴他们路费，把他们送回家去。

（八）瞳囡偷苞萝

瞳囡路过一块苞萝地，看到地头有块禁牌，禁牌上写道："谁偷苞萝，罚杀肉猪。"瞳囡正看着禁牌，守苞萝人就走了过来，说："你看些什么？"瞳囡没回应，那人就说："原来是个耳朵聋。"瞳囡一听别人说他是耳朵聋，就说："你这人说话怎么这样没礼貌，是何道理？"守苞萝人原来在村上就是个很强横的人，一听前面这个过路人用这种口气对他说话，便一把将瞳囡拖住，喝道："你这个乡下人，啥东西？"瞳囡看看这个人一点不讲理，便决心要好好教训教训他。

当天晚间，瞳囡驮来一布袋苞萝，钻到那块苞萝地里，故意弄出声响。守苞萝人听着便轻轻走过去，一把把瞳囡抓牢，说："你好大胆子，竟敢偷我苞萝，原来你日间到地头来是探风的，这下罚你老老实实杀肉猪来。"

瞳囡故意将布袋一脚踢到一边，口嘴说："我又未偷。"守苞萝人一把把布袋拐起来，半推半拉将瞳囡拖到村，叫来村董事主持公道。

瞳囡又说：我又没偷，那袋苞萝是我自己的。这时看热闹的人越聚越多，守苞萝人看瞳囡口嘴还是铁老，更火了说："你还老卯？你看人证物证俱在，你还想赖得了。"说着，将一袋苞萝丢到瞳囡面前。

瞳囡笑笑说:"我说没偷就没偷,你偏不相信!我要是证明真的没偷,你又怎样?"守苞萝人摸摸那个口袋说:"要是偷了,你老实回去杀猪罚你,如若未偷,我倒贴百廿斤给你。"瞳囡说:"当真?"守苞萝人说:"当真!"就这样,你来我去,各说各有理,谁也不肯认输。最后还是瞳囡说:"既然你当着大家说是我偷,我今就请大家在场做个见证,我说话算数。"说着,瞳囡将苞萝袋解开,直溜溜往外倒,众人上前一看,瞳囡那袋苞萝全是煮熟的。这时,瞳囡来劲了,对着众人说:"大家看仔细了,我的苞萝全是熟的,我若是他地里偷的怎会是熟的呢?"大家看看苞萝是熟的,吃吃也是熟的,无话可说了,守苞萝人只得自认倒霉,白白赔了百廿斤猪肉给瞳囡才算了事。

(九)瞳囡抬尿桶

瞳囡好游荡。一天到了一生分地,见一挑着尿桶的年轻人正在过由两段小木搭构的过坑桥,由于承载问题,年轻人试了几下都不敢担过去。瞳囡就打招呼说:"年轻人好劲力,太重了过不去了吧,歇下来我帮你抬过去。"年轻人见瞳囡叫歇下他帮抬,心想是你自己说帮我抬的,我何不借你力也省力着,就把尿桶停下来让瞳囡帮抬了一桶过去。刚要返转抬第二桶时,年轻人突然问瞳囡说:"你是哪里人?到什么地方去?"瞳囡说:"我是高演人,要去邻近走亲戚。"年轻人一听高演人,就来劲了说:"你是高演村的?"瞳囡说:"是啊!我就是高演人啊!"年轻人接着说:"高演村有个瞳囡赖(无赖)吓人的,你知道吗?"瞳囡说:"那是他们谣传,不会的。"年轻人越说越劲,"是真的!是真的!"

瞳囡火了说:"这个太臭了,我不抬了。"说着竟顾自走路。慌得年轻人一把拖牢瞳囡求成说:"先生!你帮我抬一桶过来,那一桶又不帮了,叫我怎样担过来?"瞳囡说:"你怎样担我管不着,年轻人口嘴莫轻飘，你不晓得，我就是高演瞳囡。"说着头也不回顾自走了。

年轻人哭丧着脸，半天回不过神来，只得怪自己多嘴。

（十）瞳囡剃头不要工钱

1. 瞳囡剃头

有一次，瞳囡去剃头店剃头，听旁人议论某店剃头老师歹毒，凡是到他店里剃头的都被戏弄过，还要向你索讨剃头"着力钱"。瞳囡好打不平，心里早就盘算着，要寻机教训教训剃头人，替百姓出出这口恶气。

瞳囡径直找到这家理发店，也无须招呼就一屁股坐在理发交椅上，剃头人拿起工具就剪，刚剪到一半，当真剃头人就停下来了说："某某人！你头发太长了，我剃头发着力得很。"瞳囡早就料到剃头人会这么一说，就说："着力钱么，我是一分不会少你的，只要你把我头剃好了。"剃头人听瞳囡这么一说也无话说，连说，是！是！头快剃好了，瞳囡突然说："老司，你说我头发长是么？"剃头人说："是！"瞳囡问："头发长不好吗？"剃头人连声说好！好！瞳囡又问，"头发长好在哪？"剃头人随口说："值钱呗！"瞳囡又说："值多少钱？"剃头人说："我也说不好，总归值好多钱呗！"瞳囡站起来抖抖布衫，笑笑说："剃头老司，我那头发这么值钱，你帮我卖掉，除你的剃头钱外，就算给你的'着力钱'吧！"剃头人一听，知道碰上"赖棍"了，只好自认倒霉。

2. 带学生去剃头

瞳囡到了温州某街弄当私塾老师，接收的大多是些家庭贫困的学生，连剃头钱也付不起，许多学生头发都长长的，瞳囡决定带他们去剃个"集体头"。瞳囡曾听人说某店老板最怕"倒店号"，断了门头生意，而且人还很不本分，瞳囡就专门去找这家店。

一天，他将全部学生带到这家剃头店，剃头店老板是个手艺不精，且剃头工钱要的最高的人，在周围名声不太好，生意也很冷淡。

　　店老板一看来了这么多剃头的，心中暗暗窃喜，赶快让坐。瞳囡先让学生排着队一个一个剃了头，然后自己坐在剃头交椅上让剃头。当头剃了一半，瞳囡突然一跳三尺高，跳到街路中大叫大喊"痛死我了！痛死我了！"许多人不知何故都围了过来想看个究竟，店老板知道情况不妙，赶快将瞳囡一把抱进店堂说："先生！莫嚷嚷，有什么话好说。"瞳囡说："你这样的剃头手艺也能赚饭吃？我的头痛死了，难怪我那些学生不知道受了多少罪呢。"店老板怕嚷嚷坏了店的名声，赶忙用手闭住瞳囡口嘴说："先生莫嚷，全部剃头钱免了，还请先生喝酒，算是我向先生赔礼了。"

（十一）瞳囡吃点心

　　瞳囡好交朋友，经常因袋子空空又不想失面子而烦恼。有一次瞳囡正在景宁城逛街，碰上几个朋友叫吃点心，瞳囡本不想去，因碍于面子还是与朋友一起到点心馆。吃完点心要付钱了，瞳囡一摸口袋扁扁的，一个铜板都没有，心想这回面子丢大了。朋友们故意看他笑话说："你不是很有肚才吗，这点小事也能难得住你。"

　　朋友一句玩笑话激起了瞳囡的灵感，他曾听人说该店老板做生意不够地道，经常有短斤缺两，周围老百姓意见很大，我何不借机教训教训他。想到此，就高声对店老板说："店老板，今天另时头来，未带钱，你先记着账，待我下次来再付给你。"老板问他叫什么名字，瞳囡说，任白食。老板就在账簿上写着"某年某月某日，任白食点心几碗"。

　　不久，瞳囡又去这家点心店吃点心，待吃完点心付了点心钱就走，这时，店老板认出瞳囡说："任白食先生，你上次在我店赊点心钱还未付。"瞳囡说："那你账簿拿来看看！"老板将账簿拿来，瞳囡就大声地念道："某年某月某日，任白食点心几碗"。瞳囡说："你这账明明写着白食几碗嘛,即使白食还要付什么账?"老板知道真得遇上"吃白食"的主了,账上明明写着也没办法,只好哑巴吃黄连,自认倒霉。

(十二)瞳囡买鞋买短裤

瞳囡去温州嬉,一嬉就是个把月,钱也用完了,鞋袜也破了,怎么办?他曾听说某店老板做生意很精,许多顾客经常在他店都吃了哑巴亏。瞳囡心里盘算一定要去会会这个老板。

一天,瞳囡穿着一件蓝布衫,打扮成风度翩翩,来到该店径直向店内走去。到布衣店,这件穿穿,那件试试,穿戴半天都不满意。又到了鞋帽柜,将鞋这双试试,那双穿穿,并用力在地上来回拖、搓,还故意吐上痰在鞋面抹的脏兮兮的,拣了半天才走出店堂。老板上前叫瞳囡付钱。瞳囡说:"我什么也未买,付什么钱?"老板要瞳囡脱衣检查,瞳囡脱去长布衫,里面只穿一件短裤衩,脚上只穿一双鞋。老板看看短裤和鞋很像他店内的,但看上去又是那么脏,不敢确认。瞳囡发话了说:"老板,你是做大生意人,叫大家来评评理,我难道就没穿裤子和鞋来的?"老板想想也是,又没有证据,只好自认作罢放瞳囡走。

其实,瞳囡真的没有穿短裤,也没有穿鞋来的,他就只穿一件蓝布衫,听说还是向熟人借的呢。

(十三)瞳囡智惩油店老板

好多人反映某油店老板平时卖油总是短斤缺两,邻里群众意见很大,特别是隔壁有眼疾的阿婆经常与瞳囡提及油店老板所卖给她的油都分量不足,瞳囡决定要好好教育一下店老板,把阿婆的分内油要回来。

一天,瞳囡在家鼓捣了半天,然后慢条斯理地穿上旧布衫,还特意在布衫里捎一个竹筒，另外又手拐一个竹筒，急匆匆地到油店叫老板快快斗油，油店老板也知道瞳囡的厉害，不敢怠慢。一提两提，竹筒总是倒不满，油店老板也稀里糊涂直到油倒满为止，瞳囡提着竹筒来到隔壁阿婆家，对阿婆说这是你以前被老板克扣的油，老板今天补给你了，阿婆很感激瞳囡帮她要回了油。殊不知，瞳囡只用了一个小窍门，用一对子母筒，将拿给倒油的筒底部挖一小洞，用稻秆蕊连接着藏在身上的竹筒。

（十四）瞳囡歇店带走被

瞳囡从温州回高演，途经某客店借宿，客店老板看他穿着旧布衫，嫌他穷，就说不歇客，瞳囡问何故不歇？老板说没有被子，瞳囡明明看到床上就放着被子，心里暗想就是嫌他穷还是怕不给钱吗！就好说歹说，老板答应留宿，但没有被子。瞳囡同意了说："没有被子没关系我自己带有被子呢。"于是就住下来了。

第二天，瞳囡起了个大早，正准备行李，故意高声叫："老板，快拿根绳子来"，老板不知何故。瞳囡说："快拿根绳子来给我将棉被捆捆好，我要赶路了。"老板说："什么被啊？"瞳囡指着床上已折叠好的棉被说："我昨晚盖的被啊！"老板知道遇上了"找茬"的主，昨天自己明明说过没被的话，今日这客人就是找茬来了，也只好自认倒霉，便随口问道："客人是哪里人啊？"瞳囡理直气壮回应说："我是高演人"。

店老板一听高演人，早就听说高演是个读书之乡，官绅名讼早有听闻，就知道自己今天真的碰到了"硬茬"的了，也只好眼巴巴地让他背着棉被大摇大摆走了。瞳囡走出店门口不远，看到路边有个晒衣服的竹叉，就将棉被挂在竹叉上，同时还将一纸包插在被子里，正好被一村妇看到，急急告知店老板，店老板取回被子将纸包打开一看："诚信生财，童叟无欺"，还有三文碎银。

三　高演春晚自创方言剧本

从 2015 年开始，高演村民开始自编自导自演乡村春晚，他们基于当地民间故事改编的舞台剧极富地方特色，有方言小品《瞳囡买鸡蛋》《瞳囡出诗对》《瞳囡轶事》等。下面是陈新民编剧的四幕情景剧《九人十贡》。

第一幕：秉烛耕读

〔幕启：台景中央悬挂私塾教规：此根无情竹，打你书不熟，你若心痛儿，莫送此来读。摆放读书桌椅，桌上放油灯供读书用。〕

（幕后朗朗读书声由远而近，灯加亮，学生甲、乙、丙、丁穿戴不一，从不同方向相继上场。族长任太公拄一拐杖上场。）

族长（白）：任氏儿孙们，我们的祖先在这里耕读两途，吾辈有什么理想？

甲：我要学爹妈，做个孝敬长辈的读书人！

乙：我要读好多多多的书，考取功名，荣宗耀祖！

丙：我要！我要！（焦急的不知说啥，搔头）

丁：我的理想是让书香成为我们高演村子孙推崇的文化……

族长：儿孙们说得好，说得好哇！任姓子孙们，查阅家谱我们的祖先曾有辉煌的历史，历代以来考取了不少功名。我们的宗旨是？

众合：书香踵接，诗礼传家。

族长：好！好！好！任氏子孙们，大家好好读书，太公希望今年秋试族里每房都有喜报，那时大开祠堂门为你们摆酒庆贺。

众合：谢谢太公！

第二幕：勉学

〔清晨：山雾缭绕，赴考学子整理行装，族长拄着拐杖来作送行动员〕

族长：任氏儿孙们，寒窗苦读辛苦，我们山里娃更辛苦，又要念书，又要干活，今天太公就是来给你们赴考儿孙们送行助威的，大家有没有信心？

众学子：（齐）有信心！

族长：好！各房的都来了吗？大家报下数。

众学子：一房到！二房到！三房到！报告太公：四房小叔还未到。

族长：老三你去叫下小叔。（小三：应声下，又匆匆跑回报告）

小三：报告太公，小叔病了。

族长：赴考时间已临近，四房生病去不了怎样好？（细想）那就你们九个去吧！待四房病稍好随后赶来。

书僮：太公我去！

族长：去什么去？这不是挑担，是科考！

书僮：挑担就挑担，科考就科考，反正我就是要去。

众学子：（齐声请求）太公那就让去吧，反正也要个挑行李的。

族长：那就去吧，路上也好有个使唤，你们就去个十十齐全吧！

众学子：（齐声应）是！〔书僮高兴欢快下，众人整理行装，匆匆过场。灯暗〕

第三幕：赴考

〔鸡鸣拂晓，高山云幕缭绕。高演赴考学子各装束不一，书僮挑担匆匆上〕

众学子：（唱）辛勤苦学几载过，闻鸡耕读整行装，离乡匆匆赶考去，跋山涉水又一村。

　　书僮：（唱）书笼沉沉出高演，担不离肩过乡村，九个公子一书僮，陪读陪考上温州。

　　（转板）一路走来行得快，不觉已到温州城，歇落担子忙递贴，冒充少爷凑十人，

　　太公命我担书笼，服侍陪考边上靠，瞒过公差装赴考，过过考瘾长知识。

　　［切光、灯暗］

第四幕：报喜

　　［地点：高演任氏祠堂内外一派喜气热闹景象，祠堂门大开。报子来报，唢呐、锣鼓声声］

　　族长：（拄着拐杖，笑声阵阵）哈哈哈哈！

　　（唱）喜孜孜来喜报接，任氏一脉多光彩，

　　九人十贡音讯报，族人共庆祠门开。

　　甲：（速上报）太公！红帽报子已到水口清风桥了！

　　族长：快快迎接！（内呼：唢呐吹起来，锣鼓响起来）

　　［众人上场演绎欢快热烈氛围，有端茶递水，抬桌搬椅等］

　　族长：乡亲们，任氏子弟们，今天是我们高演村最高兴的日子。告诉大家一个好消息，今年秋试，我们村的学子们去温州会考得了十个贡生，连四房的挑担伙计也得中了，山外尽传咱们高演出了读书人了，九人十贡美名远扬，连挑夫也得中贡生真是可喜可贺。各房快快有赏送喜报的，咱们今天大开祠堂门，为咱们高演的读书人摆酒接风，你们为咱们高演任氏荣宗耀祖，为咱们高演争得了荣誉，你们是咱们高演深山里的读书人的楷模，任氏儿孙们我提议：请大家举起手中杯，来！为九人十贡干杯！

　　众：（齐）来到谢谢太公，干杯！（内喊）鸣炮奏乐！

［全场在锣鼓声中、礼炮齐鸣、欢快闭幕］

四 挖掘传统文化助力乡村治理①
（任启年）

高演村位于浙江省景宁畲族自治县梧桐乡，距县城西南22公里。约在唐宋年间有何、夏二姓迁来垦荒定居；明永乐十九年（1421），年甫九岁的任纪，因父亲亡故，随母何氏回高演村谋生，至今近600年，已繁衍至22代，现户籍人口910人，90%系任氏家族中人。

高演村地处深山，海拔760米，但地势平坦开阔，风光独特，村落文化传统积淀深厚，建筑和文物古迹保持良好。最为突出的是，就这样一个小山村，几百年来人才辈出。据《高演任氏宗谱》记载，在科举时代170年中，高演村有科名者174人，其中进士8人，贡生29人，当地至今流传着"九人十贡"之美谈，即九人赴温州科考，连挑行李的脚夫也榜上题名。

"诗礼传家、书香继世""耕读两途"的家法家训，深深融入高演村人的血脉中，成为稳定的文化传统和精神信仰，也是当代高演村人追求发展的动力根源。

但是，随着城市化进程的快速发展，农村人员外流现象严重，农村"空心化"也在高演村上演。高演村前几年留守100多名村民中老年人居多，一些清代民宅开始衰落倒塌，村落整体经济与景观状况也亟待改善。如何摆脱乡村"空心化"的困境，重振村落经济，增强乡村活力，是摆在县乡政府和当地村民面前的一道难题。作为一名土生土长的高演人，笔者是看在眼里，急在心上。虽然离开老家在外工

---

① 任启年，高演村人，曾任浙江省景宁畲族自治县人大常委会副主任，现为"梧桐乡崇学向善奖励基金"，理事会理事长。这是任启年2017年在北师大举办的第七届社会治理论坛上的发言。

作 60 多年了，但爱乡恋乡之情，却是永远抹不去的。自 2014 年初被聘为高演村顾问以来，笔者每年回村 20 多次，与村两委共商村庄发展大计，宣传发动村民"抓住机遇、复兴高演、齐心协力、争创一流"。2014 年 5 月获悉住建部等 4 部委《关于切实加强中国传统村落保护的指导意见》之后，立即按意见要求组织申报并获成功。高演村于 2014 年 11 月 17 日被列入第三批"中国传统村落名录"，获中央财政补助；2016 年 4 月入选"省级历史文化村落保护利用重点村"。这两张金名片，成为高演村发展的"助推器"。

经过这几年亲身参与高演村的实践和探索，笔者体会到：必须充分发掘当地的优秀传统文化资源，创造性地继承、创新性地发展，走出一条传统文化挖掘与乡村社会治理相融相通、互促互进的新路子。

一 挖掘文化资源，推进村落建设

高演村的祖先留下许多宝贵的物质遗产和非物质遗产，有全国文物保护单位环胜桥，还有廻龙桥、清风桥、马仙行宫、孝诚宫、任氏祖居等重要公共建筑和古井、古坟、古树、古诗词、古桅杆等丰富文化资源。近几年来，遵循"保护为主、抢救第一、合理利用、加强管理"的 16 字方针，深入挖掘村落传统文化资源，在保护中发展，在发展中利用。3 年来先后利用财政补助资金，在相关部门的大力支持下，投入 400 多万元修复了进村公路，改善交通条件，成为一条美丽风景线；投入 70 多万元改装了用电线路，投入 160 多万元修建了排污工程和 3 个蓄水消防池，提高了安全系数，美化了环境。孝诚宫、廻龙桥以旧修旧恢复原貌，清风桥、民宅、村内道路修复进入施工阶段。计划在两年内，把高演村建成"宜居、宜游、宜休闲养生"的名村落。

二 弘扬宗亲文化，吸引人才回流

在村落保护发展进程中，我们确实感到人才奇缺，亟须外出务工人员返回助力。高演村是以任纪一家发展起来的血缘聚居宗族村落，运用传统宗族观念激发同宗心态，有利于吸引部分人员叶落归根返回建设家园。因此，从加强古墓群管理入手，经过筹划，把任纪开基太公坟墓修整好，于2016年"清明节"举行祭祖仪式；举办《乡愁》文艺晚会，吸引了300多名县内外任氏子弟回老家参加祭拜敬祖，增进同胞手足情，晚会上演出情景剧《九人十贡》宣扬祖辈崇学向上精神，以"三句半"演出形式赞颂高演村新变化等节目，激发了爱乡情感，让大家共同展望老家发展愿景。今年的村两委换届，吸引了一批外出创业的村民回乡发展。新当选的村党支部5名委员平均年龄49.6岁，比上届59.2岁降低近10岁；村民委员会5人平均年龄45岁，主任、副主任均为45岁，最年轻委员32岁，形成梯队结构，为高演村发展提供了组织保障。

三　提升民俗文化，拓展文化空间

高演村是个民俗之村，各类传统民俗节目、民俗活动非常多，过去有祭祠堂、迎神会、吹班会、龙灯会、桥会、路会等。村民们通过集体活动，凝聚人心，解决争端，塑造集体精神。近年来，由于外出经商打工潮导致年轻人流失，这些民俗渐渐消失。为了提高村民文化素养，提振精神风貌，村两委整合利用原有的公共场所和设施修建了村文化礼堂，使之成为一个集思想道德建设、文体娱乐活动、知识技能普及于一体的农村文化综合体。投入50多万元将建于20世纪50年代的破旧大会堂翻修一新，有90平方米舞台和300个座位，可举办较大型的村落活动；会堂前有广场，有体育设施，可供村民日常文体活动；修缮了有200多年历史的马仙行宫，老戏台可演戏，宫内设图书阅览室，两边横轩悬挂村史简介图片，陈列千年根雕，供客人游览拍照。把原高演村小学改造为村老年人养老活动中心。随着古村落保护工程的推进，部分年轻村民返乡，民俗活动起死回生。马仙行宫的参拜活跃起来，狮子伴随唢呐声也已跃上舞台。自2014年正月以来，连续4年举办了村民自编自导自演的"乡村春晚""采茶舞""花鼓戏"等乡土节目，很接地气，很受欢迎，也培养、练就了一批乡土文艺人才。去年北京师范大学萧放教授带领的"知名百村课题组"师生，两赴高演村调研，师生们串家入户，了解民俗，指导民俗，得到启发和提升。此外，我们已着手组建"高演村根雕艺术馆"，以更好地传承发扬根雕传统手工艺，使之成为新亮点。

四 倡导崇学文化，培育向善新风

高演村是崇学向善之村，历来有反哺家乡的传统，历代文人士绅在功成名就之后，都会回馈乡村。为了进一步弘扬崇学向善之风，2012年6月，笔者牵头发起梧桐籍"外出乡贤常回家看看"活动，筹建了"梧桐乡崇学向善奖励基金"，向梧桐籍同仁、社会爱心人士发出倡议、募集资金，用于褒奖梧桐籍品学兼优的学生和孝亲敬老的村民，弘扬崇学向善传统文化。"基金"设立理事会，严格按章程行事，笔者被推选为理事长，支持各位理事以奉献精神开展工作。4年来倡议得到270多位乡贤和社会爱心人士响应，收到捐款40余万元。制定奖励办法，设立"崇学奖"和"向善奖"两大奖项。崇学奖，旨在奖励梧桐籍就读各段各类学校品学兼优的学生，获奖学生每人荣誉证书一本和相应的奖金，从小学一年级奖几百元到大学第一批录取的奖5000元不等。"向善奖"是奖励模范坚守孝亲敬老、热心公益的梧桐籍公民和90岁以上的长寿老人。

截至2016年9月底，已发"崇学奖"奖金16.78万元，获奖大学生65人，中、小学生146人；"向善奖"5.35万元，获奖"好儿子、好媳妇"25人次，90—99岁长寿老人76人次，100岁老寿星3人次。同时认真管好用好基金，做到保值增值永续发展。时任浙江省委常委、宣传部部长葛慧君对此予以高度肯定。梧桐乡党委政府给每位捐款人士发放"捐款证书",给捐款1万元及以上的个人颁发"崇学向善爱心大使"牌匾,并在文化广场树立"崇学向善碑",镌刻上所有捐款人的姓名和金额予以感恩铭记。连续4年举办"梧桐乡崇学文化节",县文明委以《冰心一片系桑梓》为题,进行专版报道。时任县委书记林康作了"好人好事,造福桑梓"批示,向全县宣传推广学习。

目前,高演古村已走出困境,焕发出勃勃生机,成为省市县乡村发展的典型。由此可见,当代新农村建设与当代农村治理,必须充分挖掘优秀传统文化资源,进行创造性的继承和创新性的发展。正如习近平总书记所说的,要像爱护自己的生命一样保护文化遗产。总结、弘扬、传承、振兴中华文化遗产,不仅是增强民族文化自觉、提升民族文化自信的关键一步,也是传统古村落完善社会治理、实现跨越式发展的重要路径。两者可谓是相辅相成、相得益彰。

五 高演村各类奖项与荣誉称号

1979—1994年先后被评为县级"先进集体""科技示范村""党建示范村"。

1985年,浙江省人民政府授予"省劳动模范集体"称号。

1985年,获浙江省人民政府授予高演经济合作社"农业先进单位"。

1985年,获浙江省委授予"先进党支部"称号。

1989年,获浙江省人民政府授予高演村"农业先进单位"称号。

1991年,获浙江省委授予"先进党支部"称号。

2013年,被评为景宁畲族自治县三星级文化礼堂。

2014年,列入第三批"中国传统村落"名录。

2016年,列入浙江省历史文化名村。

2017年,被评为丽水市生态文化村。

2017年，被评为丽水市特色文明村。

2018年，被评为丽水市四星级文化礼堂。

2018年，被评为浙江省文化示范村。

2019年，被评为浙江省五星级农村文化礼堂。

2020年，获景宁畲族自治县"十佳清廉村居"称号。

六　高演村歌

2014年，高演村列入第三批"中国传统村落"名录，创作一首高演村村歌提上了议事日程。丽水市文联主持工作的麻益兵副主席向村民推荐了供职于丽水日报的资深记者柳绍斌，他同时也是中国音乐文学学会会员、丽水市市歌《我的名字叫丽水》的词作者，在创作村歌方面有丰富的经验。柳绍斌无偿为高演创作了《高演老家》村歌歌词。后由中国音乐文学学会理事、丽水市文化馆干部徐阡寒谱曲成形。《高演老家》再现了高演村的主要特征，抒发出对故乡的热爱之情，适合独唱，也适合对唱和小组唱，还可以通过领唱形成大合唱，适合在多种场景下演绎。

高演老家

柳绍斌 词
徐阡寒 曲

1=F 2/4　亲切美好地　每分钟112拍

(前奏略) | 3 2 1 3 | 2 5 | 1 7 6 7 | 1 2 | 5 - | 5 - | 3 2 1 3 | 2 5 | 1 7 6 7 |
廊桥下的　学堂　是否还有　读书　响，　　　　飞凤山的　脚下　是否还有
爸爸默默　干活　总是不说　一句　话，　　　　妈妈喊我　乳名　声音回荡

| 1 3 | 2 - | 2 - | 3 4 5 1 | 6. 6 | 6 5 4 | 4 3 2 1 | 3 - | 4 3 2 1 |
放牛郎，　　　满山厚朴　花她　散发出　醉人的芬　芳，　古老的村
村中央，　　　回首往事　一股　暖流　涌上了胸　膛，　清清的小

| 2. 2 | 2 3 4 3 | 4 3 2 1 | 1 - | 1. 5 ‖: 1 7 | 3 6 | 6 5 4 5 | 6 - | 4 3 2 1 |
庄把乡愁记　挂在心　上。　啊，高演　老家，大山是　她　有力的肩
河把思念带　向了远　方。　啊，高演　老家，绿色是　她　美丽的衣

| 2 - | 4 3 2 3 | 4 6 6 | 7. 5 | 5. 5 | 1 7 | 3 6 | 1 7 6 7 | 1 1 6 | 4 3 4 5 |
膀，　耕读持　家代代传　扬；啊高演　老家，只要心中　装有你，就能潇洒
裳，　一心向　善清纯时　光；啊高演　老家，只要心中　装有你，笑声也会

　　　　　　　　　　　　　　　　　　　　　　1.
| 6 7 | 1 - | 1 - | (3 2 3 1 5 | 4 3 4 5 4 | 6 5 6 7 5 | 1 7 6 7 1 1 6 5 |
闯天　涯。
进梦　乡。

　　　　　　　　　　　　　　　　　　　　　　　　　　　2.
| 4 3 2 3 5 4 3 4 | 7 1 2 3 4 3 4 5 | 4 3 2. 1 | 1 - | 1) . 5 :‖ 1 - | 1 - ||
　　　　　　　　　　　　　　　　　　　　啊涯。　　　D.C.
　　　　　　　　　　　　　　　　　　　　啊乡。　　　D.S.

结束句
| 1 - | 1 - | 4 3 4 5 | 6 7 | 1 - | 1 - | 1 0 ‖
乡。　　　笑声也会　进梦　乡。

2015．1．27

后　　记

如果说乡村振兴战略是中国供给侧改革、城市反哺农村的重要一环，那么高演正在经历明朝开基六百年来最重要的转折。

如同中国传统社会尤其是浙西南的大多数乡村，高演历史上依靠辛勤的农耕解决最根本的生存问题。他们在村里最肥沃的土地"三个金圆盆"里培育秧苗，在周围山丘开垦水田，再将秧苗植入山田当中。为了抵抗各种来自外部和内部的不稳定因素，高演以宗族血缘关系为纽带，人与人之间形成了各类习惯规约，展开生产与生活互助，完成宗族公共财产的分配。这一机制既约束和协调族人的内部关系，也促使独立的个体凝聚在宗族的旗帜下，在面对外部挑衅时可以步调统一维护宗族利益。他们还很有智慧地利用一年一度的迎神赛会打破地理闭塞的局限，开设集市，与周边村庄贸易货物、交流信息。

然而这并不意味着高演安于最基础层面的资源流动，满足于自给自足自治发展。与基本的生存需求相比，一个小山村与国家政权的互动是否成功，最终决定了它能够达到的发展上限。高演人积极谋求与国家正统对接，为这个资源匮乏的山村争取到了不少外部支持。外出做官的游子落叶归根，带来财富与智慧，致力于建设村庄；哪怕仅仅是取得了秀才这样的低级功名于高演也利害攸关，因为只有功名傍身，才能够在与外人发生山场、田地纠纷时掌握主动权，有资格出面与县官周旋。

因此，尽管先天条件给高演的发展增加了种种限定，高演人骨子里又在执拗地挣脱天命，崇学文化就是这种主体性心态的集中体现。从七世祖敬英公名下设立的油灯田到文人结社"文昌会"，以及村中多个书室、书院、书处、书塾，无不显示了高演人对"学而优则仕"价值导向的心理认同与行动支持。流传在人们口头的崇学故事更不断发挥着语言的魔力，建构出高演人对自身文化独特性的认知。相信在过去漫长的岁月中，这种近乎执着的文化自觉不断帮助高演在群山莽莽、强邻环伺，甚至时不时有匪患侵扰的环境中挣得宝贵的自信与声誉。

进入现代社会以后，城乡发展日趋不均衡，高演村"以耕养读"的发展策略经受着根本性的挑战。城市对乡村的虹吸效应影响着高演人的流动，年轻人纷纷进城经商务工，90年代撤点并校后高演失去了自己的小学，为了孩子上学，一些家庭也迁出了高演。农耕不再是生存必需，建立在公有土地基础上的宗族组织力随之减弱，现代教育体系并不注重家乡认同和回馈桑梓，总之由于经济方式的转变，无论是耕、读，还是人的因素都发生着结构性的变化。历史上，高演的历代族长以尊祖敬宗和宗族公益为使命，在当代社会发生巨变时，高演依旧需要一些有眼光、有魄力的能人带领全村发展，20世纪70—90年代带领高演走上药材致富道路的乡贤任传阳、林场场长任世根和老支书任传浩，后任支书任和忠与村委主任任振芝任启兰，以及现在高演村的顾问任启年等都在此列。

进入21世纪以来，"文化养村"成为高演一个新的发展方向。高演的做法是以宗亲文化和崇学文化凝聚人心，以民居文化、民俗文化吸引人气。举办祭祖仪式、修族谱、办乡愁文艺晚会能够吸引村人回流，发崇学向善基金给读书的学子心中埋下家乡的种子，村里的古建筑和民俗文化成为吸引游客休闲观光的金字招牌。这些举措已经取得了一些成效，也还存在不少有待完善的空间，如何充分挖掘、传承和利用传统村落资源,将之变成可永续利用的新时代的"山场"和"公田",并在此基础上重新建构起高演村民的命运共同体,成为当前高演村在探索中的一大命题。

2016年、2018年、2021年北师大社会学院师生组成的调查组在萧放、朱霞、鞠熙三位老师的带领下先后4次到高演村调研。我们以高演村为对象进行调查和写作的初衷,一方面是希望能够以学术的实践,积极参与到现实社会生活中,通过与高演村村民进行对话,在实践的学术方面提供一些有益的探索;另一方面,希望以自己的专业知识服务社会,帮助高演村深入挖掘整理他们的村落文化脉络,同时也记录下这个普通山村在时代巨变中的艰苦努力与上下求索。

丽水市宣传部常务副部长任韩高、梧桐乡党委书记叶旭瑛高度关注高演村的发展,本书的调研得到了他们的大力支持。景宁县人大常委会原副主任任启年为本书的调研提供了便利条件,在他的不懈推动下,本书经过反复推敲打磨得以杀青付梓。梧桐乡文化站长陈新民副研究馆员常年从事乡村民间文化的搜集整理工作,对高演的村落文化有深入了解,我们的几次调研均有赖他的陪同与翻译,他的《梧桐乡高演村落文化调查记》是本书写作的重要参考。退休教师任妙琴老师热心家乡重建与文化传承,她多次陪同调查组在高演调研,成为调查组与村民之间沟通的桥梁。每次进村,调查组都得到高演村村委和村民的热情接待,他们是高演村历史和现实的真正缔造者。

鞠熙副教授作为带队老师之一,为本书的写作倾注了心血。她梳理了道光十六年(1836)、光绪十六年(1890)以及民国十九年(1930)的高演任氏族谱,结合田野调查,对历史上高演的经济制度、组织与活动、文化空间和时间、仪式与信仰、口头传统等方面均形成了深刻的认识,她的观点丰富了本书理论内涵,提升了本书的学术价值。连续多届民俗学专业的硕博士生都曾在在高演村这个田野中以小见大,磨炼学术技能,深入认识社会。除已提到的外,以下老师和同学参加了本书相关的调研和资料整理工作，他们是贺少雅、孙英芳、王辉、贾琛、关静、彭晓宁、廖珮帆、岩温宰香、李富运、武千千、胡潇、刘梦悦、晏秋洁、赵慧杰、孟令法。

　　无论学者如何参与到地方文化的生产当中，人民始终是创造和阐释自己文化的主体。六百年来，高演始终善于组织调动内外部资源，为本村谋生存求发展。在新时代，高演延续了铭刻在基因中的生存策略，抓住乡村振兴的时代契机，意识到本村文化遗产的价值所在。他们与国家政策积极对接，主动对村庄的历史、人物和景观进行再次阐释，村落传统文化不但是高演增强内聚力的强心针，也成为它与外部世界建立联系和获得帮助的一把钥匙。